経営と人望力

Management and Admirable Qualities

成功しつづける
経営者の資質とは何か

大川隆法
RYUHO OKAWA

まえがき

経営書としては、極めて重要な一冊を世に出すことができたと思う。惜しげもなく、幸福の科学の成功法も、失敗からの立ち直り方も説いてある。

実務経験としては、私は財務系のエキスパートであるが、宗教家の仕事としては、経営学的分析をすれば、ソフト開発と営業（布教・普及）が中心である。宗教にとって、トップ・リーダーに「人望力《じんぼうりょく》」が必要なのは、普通の会社以上である。

不惜身命《ふしゃくしんみょう》の覚悟で、果てしなく「徳」を磨《みが》き続けなくてはならない。

私自身の編《あ》み出した経営学は、一家の主人が家族を守り抜く力から、国家経営、地球的視点にまで及《およ》んでゆく。
読者の実力相応に、本書中に宝を発見されることだろう。

二〇一七年　九月二十三日

幸福《こうふく》の科学《かがく》グループ創始者兼総裁《そうししゃけんそうさい》　大川隆法《おおかわりゅうほう》

経営と人望力　目次

第1章　起業力開発法
――不可欠な能力と年代別の心構えとは――

2

会社をつくるときに必要な能力・強みとは　37

第2章　経営が黒字であることの小さな喜び

――黒字を生み出す「考え方」と「徳」を探《さぐ》る――

第3章　経営と人望力について

――リーダーの「率《ひき》いる力」は何から生まれるか――

第4章　経営者に贈《おく》る
――四つの要諦《ようてい》、成功への指針――

本書は、幸福の科学の経営者研修のために行った説法をとりまとめ、加筆したものです。

第1章　起業力開発法

――不可欠な能力と年代別の心構えとは――

二〇一三年二月十日　説法《せっぽう》

神奈川《かながわ》県・幸福の科学　横浜正心館《よこはましょうしんかん》にて

1　三十五歳《さい》までに起業して成功するポイント

「三十五歳以下」から「中年」「熟年」までの成功法を説きたい

本章は、「起業力開発法」というテーマで説法《せっぽう》した内容です。

説法する際の趣旨《しゅし》として、まず、「基本的に、三十五歳《さい》までに成功する法を念頭に置いて説いてほしい」と言われたのですが、当日参加された方のうち、三十五歳以下は三分の一ぐらいで、五十歳以上の方も三分の一ぐらいいたので、それだけでは十分ではなく、結局、すべての年代に向けての話になります。

ただ、いちおう、趣旨はそういうことでしたし、「起業する人の多くは若いだろう」ということもあるでしょうから、そのあたりを念頭に置きつつ、「熟年起業家の成功法」にまで至れれば幸いです。

私は、「若くして成功する方法」も、「伊能忠敬《いのうただたか》的に、年を取ってから成功する方法」も、どちらも説けるので別に構いません。もちろん、「中年起業法」も説けないわけではないと思っているので、あらゆる人々に、ある程度は当たる内容をお話ししたいと思います。

若い起業家の成功には「年上の人たちからの引き立て」が要《い》る

さて、「三十五歳までに成功する法」というのは、青年局系から出た企画《きかく》かと思われますが、「起業家として、三十五歳以下で成功するのと、三十五歳からあとで成功するのと、違《ちが》いがあるかどうか」というと、私流に申し上げれば、違いは一つです。一カ所なのです。

三十五歳までに起業家として成功する方法は、「自分より年上の人たちに認められ、引き上げられる」ということです。これが非常に大事なのです。このポイントを外しては駄目《だめ》です。

なぜかといえば、お客様といい、取引先といい、重要なことの決定権を握《にぎ》っている方や交渉《こうしょう》相手等には、自分より年上の方が多いからです。

その際に、自分より年上の方が相手だと話ができないタイプの人、要するに、〝宮仕《みやづか》え〟をするのが無理で、他人《ひと》に使われたくないので、「会社を起こして社長になりたい。社長という肩書《かたがき》が欲《ほ》しい」と思って独立する人は大勢いるのですが、そういうかたちで、「他人に使われたくないから独立したい」という気持ちで会社を起こしても、成功するのは難しいと言えます。

もちろん、「商品」や「技術」が非常に優《すぐ》れていて、ヒットすることもあろうかと思いますが、基本的には、それだけではやはり難しいのです。

小さな成功でよければそれでもよいのですが、大きくて長く続く成功を収めたければ、やはり、「自分より年上の方に気に入られ、引き立てを受け、引っ張っていただく。あるいは、アドバイスを頂いたり、ほめていただいたりして、鍛《きた》えていただき、伸《の》ばしていただく」という気持ちを持っていないと、成功しません。

これは、「三十五歳までに起業して成功するポイント」として、いちばん大事なものの一つです。

幸福の科学の初期には、私より年上の信者も大勢いた

これは、他人事《ひとごと》ではなく、私自身にとってもそうなのです。

私は三十歳で幸福の科学を始めました。

それ以前には、多少、企業（総合商社）での勤務経験はありましたが、業種があまりにも違います。小さな貿易会社等をつくるということなら連続性はあるかもしれませんが、総合商社と宗教では全然違うので、学んだことがストレートに

使えるようなものはまったくありませんでした。

法話《ほうわ》を聴《き》く方には私より年上の方が圧倒《あっとう》的に多く、最初の説法のときからそうでした。

一九八六年十一月二十三日の「初転法輪《しょてんぼうりん》」には八十七人が来ましたが、八十八歳ぐらいの人がいましたし、九十歳ぐらいの人もいたかもしれません。当時、私は三十歳でしたが、孫かそれより下かも分からないぐらいの年齢《ねんれい》で、自分より年上の人に話をしなくてはなりませんでした。

（質疑応答の際に）「先生！」と言って手を挙《あ》げている人は六十歳や七十歳などの方でしたが、「先生」は「先《さき》に生《う》まれる」と書くので、極《きわ》めて厳しい状況《じょうきょう》

1986年11月23日に開催された「幸福の科学発足《ほっそく》記念座談会」の様子（東京都荒川区）。

だったのです。

そのため、私は冷《ひ》や汗《あせ》タラタラの感じであり、本当に、「不評だったら、これ一回でやめよう」と思っていたぐらいです。評判が悪かったら、やめるつもりでいたのです。

まだ月刊誌（月刊「幸福の科学」）を出していない状態で最初の説法をやって成功し、そのあと、翌年《よくねん》（一九八七年）の四月から月刊誌を出すようになったので、非常に慎重《しんちょう》であったと思っています。「それほど過信していなかった」ということかと思われます。

「幸福の科学発足記念座談会」が開催された日暮里《にっぽり》酒販会館は、現在、「幸福の科学 初転法輪記念館」として公開されている。

ただ、最初のころにおける成功の秘訣《ひけつ》を一言《ひとこと》で言うとするなら、やはり、「年上の方の引き立てを受けた」ということです。それがいちばん大きかったと思われます。

私の法話を聴いてくださる方は、年齢を気にせず、私の言うことの内容を聴いてくださいましたし、失礼に当たらないように気をつけながら、私に年齢や知識・経験が足りない部分を補《おぎな》い、よい方向、成功するほうに導いていこうとして、いろいろと助けてくださったり、アドバイスしてくださったり、手伝ってくださったりしたのです。

年上の教団幹部を、どうやって教育したか

当会の幹部職員にも、私より年上が多く、十歳や二十歳ぐらい上の人が多くいました。私が三十歳のとき、最初の事務局長は四十一歳ぐらいで、活動推進局（現エル・カンターレ信仰《しんこう》伝道局）長は四十四、五歳だったでしょうか。もっと

上の人は五十歳ぐらいでした。

そのあと、理事長職ができたときの理事長は六十歳を超《こ》えていたので、三十歳ぐらい年が違っていました。これだと親子ぐらい違います。

三十歳も年上の人に仕《つか》えてもらうのは大変です。宗教のノウハウを学ぶためには、ほかの宗教で勉強した人のやり方を学ばなくてはいけないので、三十歳も年の違う人に仕えていただきましたが、それなりに難しいものはありました。

大切なことは、「丁寧《ていねい》な言葉を使い、相手の年齢に対して十分に尊敬の念を働かせつつも、やはり、主宰《しゅさい》している者として、ある意味でのしなやかな強さだけは譲《ゆず》らない」ということです。

そのように、「最終的な決定や判断は自分がする」というところだけは譲らないけれども、年上の人たちの経験や知恵《ちえ》、アドバイス等には聞く耳を持たなくてはなりません。「聞くべきものは聞く」という姿勢が必要です。

それから、年上の方々を教育する場合、ストレートにやると、すごく失礼に当たり、腹を立てる人がたくさんいるので、ストレートにはやらず、やや〝変化球〟風ではありますが、遠回しに注意を与《あた》えながら、自分が望む方向に動いてもらうように導いていくわけです。

社員教育は、年下に対してならできますが、年上に対してはしにくいものです。ただ、私は社員教育というかたちでやっていたわけではないのですが、当会の幹部たちは、「教育されているのを感じる」と言っていました。

なかには、具合がよいのか悪いのかは分かりませんが、私の大学の十年ぐらい先輩《せんぱい》の人までいて、当時、その方は四十代でした。私は東大法学部出身ですが、同じく東大法学部出身の人が最初の活動推進局長だったのです。

その方は、子会社の社長を任せられていたのですが、その社長就任の直前に「出家《しゅっけ》しないか」と声をかけられたため、就任のお祝いをされているときに出家を決めて、その会社では一日も仕事をせずに、当会のほうに来てくれました。思えば、まことに申し訳ないことでしたが、「これは行かざるをえないだろう」ということで来てくれたのです。

その方も、出家後、「何となく教育されているのを感じる」と言っていましたが、そのとおりであり、私は十歳以上年上の先輩をも教育していたのです。遠回しに上手に言って教育しつつも、相手の持っている知識やノウハウなど、使えるものを引き出して、やれることはやってもらい、どのようにやるのか、そのやり方を見て、「自分なら、どうするか」ということを考えました。そういうやり方をしていたのです。

幹部のほとんどが教祖より年下だったオウム教

これは、新宗教のなかでも、わりに大きな違いです。

同じ時期というか、私より一年早く、麻原彰晃《あさはらしょうこう》がオウム真理教を始めています。（地下鉄サリン事件等の）事件が起きたときに、そこの幹部の名前がたくさん出ましたが、麻原より年上の人は、ほんのわずかしかいませんでした。

信者の多くは麻原より年下の人であり、幹部も、高学歴ではありましたが、年下の人がほとんどだったのです。

若い人には〝暴走する〟傾向《けいこう》があります。頭がよく、一流大学を出ている高学歴の人であっても、経験が足りないと、純粋《じゅんすい》な分だけ〝暴走する〟ことがあって、理論的に詰《つ》められるとその気になり、やってしまうことがあるのです。

しかし、年上の人がいると、やはり、何かのときに〝ブレーキをかけてくる〟というか、「危ない」というようなことを言ってくることがあります。

それを聞いた上で、「それでも、やりたいかどうか」ということを考えれば、そこで一つチェックが入ります。こういうことが大きいのです。

幸福の科学の前半期における成功には、「自分より年上の方を使えた」ということが大きかったと思います。

しかし、実際には、若くして独立しようとする人の場合、年上の人を使うのが非常に難しいのです。だいたい、それを嫌《きら》いな人が独立したがるものなのです。

ライブドアの〝ホリエモン〟も、自分より年下しか使えなかった

別のところで言えば、〝ホリエモン〟（堀江貴文《ほりえたかふみ》氏）のライブドアの例があります。

そこには社員が少なくとも千数百人もいて、集めたお金というか、出資させたお金（株式時価総額）が七千数百億円もあり、「目指せ、一兆円」と言っているときに、検察にパッと入られて堀江氏は逮捕《たいほ》され、その会社の社長を辞任しました。

うまく軌道《きどう》に乗れば大企業になったかもしれないので、惜《お》しいところでした。六本木《ろっぽんぎ》ヒルズに本社機能を置き、人気も出て、ファンもけっこう多かったのですが、そういう結果になりました。

堀江氏も、やはり、自分より若い人しか使えなかったのです。

彼は、自分より若くて入社一年ぐらいの人たちを、関連会社の社長などに任命したりしました。経験が十分にないのに、出身や専攻《せんこう》だけを見てやらせていたのです。

しかし、経験の足りない者同士が集まっている場合、会社が大きくなってくると、いろいろな点で社会とぶつかります。小さければうまくやれるのですが、大きくなるとぶつかるのです。

要するに、千数百人も社員がいて、数千億円ものお金を動かすようになってくると、ある程度の大きな会社での経験があるような人を使えないと無理なのです。

アイデアがあり、コンピュータ系の技術に関しては、かなりの〝オタク筋《すじ》〟としてノウハウを自分なりに持っていたとしても、それだけでは会社の経営はできません。

会社をつくると、人の組織を動かせなくてはいけなくなります。大勢の人が集まっている組織を回し、仕入れの代金を払《はら》えて、売上代金を回収でき、さらには、社員の給料をきちんと払えなくてはなりません。そのような組織がつくれなくてはいけないので、勉強しなくてはいけないことはたくさんあるわけです。

堀江氏は、東大の宗教学科に入ったものの、途中《とちゅう》で学校に行かなくなり、中退しています。在学中にコンピュータの世界に入って起業したのです。

堀江氏に限らず、ビル・ゲイツなど、コンピュータ系の起業家の場合、「大学に行っている暇《ひま》はない。大学で教わることはあまりないので、自分でやったほうが早い」と考え、そうするのでしょうが、実際に事業を運営する段になると、ほかの知識が必要になってくるので、いろいろな知識や人を使えなくてはいけなくなります。

したがって、起業の成否は、「自分の専門というか、いちばん強いところ以外の分野の知識をいろいろと勉強しながら、ほかの人を使えるようになるかどうか」ということにかかっているわけです。

要するに、自分より年下の人しか使えなかった場合には、その会社は大きくならず、大きくしようとしたら、途中で潰《つぶ》れるのです。それは確実に言えることです。

最初は規模を抑《おさ》え気味にして、ノウハウを溜《た》めていく

それを防ごうと思ったら、あまり急速に成長しないように、最初は規模を少し抑《おさ》え気味にしながら、ノウハウを溜《た》めていくことが大事です。

幸福の科学では、最初の三年間は、「あまり大きくしないように」という方針を出していたので、「宗教らしからぬことである」ということで、会外から特に批判が来ました。

「宗教は、入りたい人を誰《だれ》でも入《い》れるものだ。ところが、幸福の科学では入会試験をやっている。宗教でそんなことをするのは生意気《なまいき》だ」ということで怒《おこ》られたのです。

当会は、最初のころ、入会希望者に対して、論文試験ではありませんが、「真理の本を十冊読んで、その感想を書いてください」と言い、感想文を書いてもらっていました。私は、当時、「主宰《しゅさい》」と呼ばれていましたが、主宰自《みずか》らがそれを読んで合否等を判定し、「合格」「不合格」や「三カ月待機《たいき》」「六カ月待機」「一年待機」の判子《はんこ》を押《お》していたのです。

例えば、「六カ月待機」とは、「あと半年勉強してから、もう一回来い」ということで、少し〝威張《いば》って〟いますが、現実には、会員が増えると運営が大変になるため、三年ぐらいはあまり増やしたくなくて、少し〝先延ばし〟をしていたわけです。

その間《あいだ》に本を出して基本教義を固めたかったのです。基本教義を固めないと、勘違《かんちが》いして入ってくる人がたくさん生じてきます。「この教団は、どのような教えを説いて広げようとしているのか」が分からずに入ってくる人がたくさんいると、入ってから「違った」ということになるので、少し遅《おく》らせました。

最初のころに局長などになった人であっても、「半年待機」等を食らった方がだいぶいますが、かえって、「何だか難しい宗教だ」と思い、瞑想修行《めいそうしゅぎょう》など、いろいろなことをしてから入ってきたりしていました。

しかし、抑えに抑えても、三年間で会員数は一万人に届きました。今の日本の宗教界では、新しい宗教に一万人はなかなか集まらず、一万人というと、そうとうな人数であるらしいのですが、当会の場合、入会の申込者《もうしこみしゃ》を試験でかなり落としに落とした上での一万人到達《とうたつ》だったのです。

特に、霊障《れいしょう》（悪霊等に憑依《ひょうい》されている状態）と思われる文章を書いてきた人については、待機の期間を長くして、すぐには入れなかったのですが、これは「もう少し修行してください」という意味でした。

そして、この間《かん》に、運営ノウハウと基本教義をつくったりする時間を稼《かせ》いでいたわけです。

その後、（アクセルを）踏《ふ》み込み、大講演会を行《おこな》っていくにつれて、どんどんどんどん信者数は増えていきましたが、規模相応に運営のノウハウは変わっていきました。

2　会社をつくるときに必要な能力・強みとは

大企業《だいきぎょう》と零細《れいさい》企業・中小企業では仕事の仕方が違《ちが》う

私が器用だったのは、「大会社にも勤められるけれども、小さなところからでもやれる」という点であり、私は起業家としての能力も持っていたのです。しかし、通常は、両方はできないものなのです。

「事業をつくる場合、サラリーマンの子弟《してい》は駄目《だめ》だ」とよく言われています。「親がサラリーマンだと、仕事の内容が分からないので、成功しない」とよく言われるのです。

一方、「商売をやっている家の子は、何となく、採算感覚や客筋《すじ》の見分け方などを身につけ、赤字や倒産《とうさん》などにもすごく敏感《びんかん》になっているので、そういうところの子のほうがよく成功する」と言われています。

大会社にいる人には、全体がどうなっているかが分からないタイプの人が多く、会社が大きくなればなるほど役所に近づいていきます。そのため、起業に関して言うと、一流企業《きぎょう》の人だからといって、必ずしも人材として一流とは言えないところがあります。

最近は学生起業家も多いのですが、一般的《いっぱん》には、何らかの社会経験を多少積んでから起業するのが普通《ふつう》であることは事実です。

ですから、社会経験を積まなければ分からないこともあります。ただ、その期間が長すぎると、今度は、その会社の〝遺伝子〟が少し強すぎて抜《ぬ》けなくなるところもあり、また、仕事の内容等が違《ちが》うと、分からないことがあります。

特に二代目教育でよく言われることですが、「親父《おやじ》さんは大した学歴もなく仕事を立ち上げたので、二代目に苦労をさせないため、子供をいい学校に入れ、大会社へ入れた。そして、『修業《しゅぎょう》期間は終わった』と思って、自分の会社に入れたところ、その子は会社を潰《つぶ》してしまった」ということがあります。これは、よくある話なのです。

大会社の場合、経費構造が非常に大きいので、経費を多く使ったり、セクションごとに仕事をしたりしています。

しかし、零細《れいさい》企業や中小企業の場合には、そういう垣根《かきね》を通り越《こ》して、手が空《あ》いているときには互《たが》いに助け合うようなかたちになっており、「仕事」と「権限」とが必ずしも〝紐付《ひもつ》き〟にはなっていないところがあります。

例えば、自衛隊であれば、「職務権限」と「仕事」は一致《いっち》していますし、銀行もそうなっています。大きいところでは、だいたいそうなっていて、「誰《だれ》の仕事によってミスが起きたか」ということが、はっきり分かるようになっているのです。

したがって、そういうところで経験をしてきても、零細企業や中小企業はつくれないことがあります。

小さい会社の人は器用でなくてはいけないのです。会社が小さいと、いろいろなことをやらなければいけなくなるので、「自分はこれの担当だから、関係がない」と言うわけにはいかず、手が空いていたら、鳴っている電話を取ったりしなくてはいけません。これが小さな会社の普通のあり方です。

「東大出《で》の人の場合、社員数が千人以上の会社に勤めれば、生き筋はあるけれども、社員数が千人未満の中小企業に勤めると、いろいろな仕事をやらなくてはいけなくなり、それができなくて、たいてい本人が潰れてしまう」と言われています。

会社が大きくなればなるほど、システムが完備され、情報の量が多くなってくるのですが、処理する情報が多くなってくると、理解力や暗記力、いろいろな科目を満遍《まんべん》なくできるような能力が生きてきます。

そうなると、学歴の高い人が有利になってくるのですが、小さな会社の場合には、必ずしもそうとは言えないところがあります。これは個人個人によるのですが、「アイデア力」など、いろいろな能力を、二重三重に発揮していく力が要《い》るのです。

「好きで関心があるもの」に何か一つ〝強み〟を持て

会社をつくるときには、幾《いく》つかの要素が要ると思います。

もちろん、「自分が好きで関心のあること」が対象になっていないと、なかなかうまくいくものではないので、そういうものが対象であることは当然だと思います。

そして、仕事の内容においては、何か一つ強いものがある場合が多いのです。

①技術力・技術開発力

例えば、最近であれば、コンピュータ系の技術など、何らかの「技術力」です。「技術開発力」のようなものを持ち、技術畑で会社を起こしていくタイプの人が多いことは多いと言えます。

②営業力

また、「営業力」が強く、ものすごい切れ者の営業マンには、「こんなに売上をあげて、会社に利益を落としているのに、自分の給料はこれだけか。これなら、自分で会社を始めたほうが、よっぽど儲《もう》かる」と考え、独立する人がいます。

例えば、大きな百貨店であれば、数千万や億の単位でノルマを余分に超《こ》えても、報酬《ほうしゅう》が少ししか増えないと、「私は、ノルマを超えてこれだけ売上をあげたのに、給料とボーナスはこれっぽっちですか。これだけ頑張《がんば》ったのに、ボーナスが少し上乗《うわの》せされただけですね。これはないんじゃないですか」と言うことがあります。

ところが、部長などの返事は次のようなものであったりします。

「君、ここをどこだと思っているんだ。得意先係であろうと、何であろうと、ここは日本の最高の百貨店であり、これ以上のところはないのだ。ここに勤めているだけでありがたいことなのだから、君、金の問題じゃないんだ。ここでバイヤーや得意先係などをやっているだけで、もう、これ以上、言うことはないんだ。だから、『給料が上がるか上がらないか』は関係ないんだ」

そのような感じで説得されることになるわけです。

ただ、個人としてあまりにも儲けが大きすぎる場合には、不満を起こし、独立する人は当然出てきます。

ですから、技術力のある人以外では、営業力がすごく高い人の場合も、独立する可能性は高くなるのです。

一方、アメリカではそういうことはなく、営業で非常に売上をあげ、大きなシェアを取り、お客様をつかんでいるような人には、社長と同じぐらいの給料を出すこともあります。

例えば、昔、私がニューヨークで勤めていたころは一ドルが三百円に近かったと思いますが、当時のニューヨーク本社の社長の給料は年間十五万ドル、つまり、日本円で四千五百万円から五千万円ぐらいでした。そして、営業がトップのアメリカ人にも、社長と同じく五千万円ぐらいの給料をしっかり出していたのです。

要するに、そのくらい出さないと、会社を辞《や》めてお客様ごとよその会社へ行ってしまうため、出さないわけにはいかないのです。ところが、「日本人には出さなくても構わない」ということなので、まことに不思議な感じはしますが、そうした〝差別〟がありました。

また、同じく、財務・経理系などでも、アメリカ人の公認会計士になると、二十代であっても、「バイスプレジデント（副社長）」の肩書《かたがき》をあげなければ、日系の企業などにはとてもいてくれません。ガラス張りの〝箱〟（個室）を与《あた》え、秘書をつけて、「バイスプレジデント」の肩書をあげないと、すぐに辞めてよその会社へ行ってしまうのです。そのため、「高い給料を出し、タイトル（肩書）もあげて、秘書までつけて……」と、全部揃《そろ》えていました。

しかし、「日本人の場合は我慢《がまん》するから、そういう待遇《たいぐう》にしなくても構わない」というわけです。これに対して、私は、「それはないでしょう。ハーバードだ、コロンビアだといっても、能力は日本人と大して変わりませんよ。それなのに、この待遇の差は何ですか。彼らは、〝箱〟があって、秘書がついて、ふんぞり返ってやっている。日本人とはえらく違うではないですか」と反論したことがありますから、ただ、そのときは、「日本人の場合は、この先、長く払《はら》い続けるから、ちょっと違うんだ」などという感じの説明をされて終わりました。

③財務力

さて、強みとしては、技術力・技術開発力、営業力以外に、「財務力」、つまり、お金の関係、財務・経理関係の力を持つ人もいます。やはり、事業をするには、お金を集めてくる力が必要なので、そうした、銀行からお金を借りてきたり、融資《ゆうし》をしてくれる人や出資者を募《つの》って基本金をつくったりする能力が高い人が要《い》るのです。あるいは、それは、「集めてきたお金をどう使うべきか」が分かる人、要するに、最終決算が見える人でもあります。

そのように、「幾ら借り、幾ら返しつつ、この事業をやっていけるか」が見える人が中心になっていると、わりにバランスの取れた経営になるのです。

もちろん、技術や営業面で補完する人がいなければ成り立たないのも事実でしょう。ただ、技術系出身の社長の場合、「よいものをつくるためなら、お金は幾らかかっても構わない」といった感じで、無尽蔵《むじんぞう》にお金を使う気《け》があるので、やはり、財務系でサポートする人がいないと無理です。

また、ある程度以上の規模になったら、社長自身が財務について分からないと、銀行に交渉《こうしょう》に行っても、話が全然分からないことになります。

さらに、銀行から融資を受けると、もちろん金利がつくため、何パーセントかの金利を払わなければいけなくなるのですが、技術系出身の社長のなかには、金利の支払いだけを考えて、「金利よりも利幅《りはば》が大きければ、商売は続いていく」という計算をしてしまう人もいます。

要するに、銀行から五億円を借りたとすると、「元本《がんぽん》の五億円も返済していかなければならない」ということを忘れているわけです。毎月、三パーセントとか四パーセントとかの利息を払っていく計算はいちおうするのですが、元本も返済しなければいけないことを、ついつい忘れてしまったり、ずっと貸してくれるものだと思い込《こ》んだりしているのでしょう。

しかし、そんなことはありえず、短期借入《かりいれ》であれば一年、長期借入でも三年から五年、長くて八年から十年とありますが、元本もいずれ返済していかなければならないのです。

もし十年ものを借りられたとして、五年ぐらいは据《す》え置きにしてくれても、「五年目ぐらいから、一億円ずつ、だんだんに返して元本を減らしていく」ということをしなければいけません。

ところが、これを計算していない人がいます。「利子の分よりも利益があがれば続けられる」と思ってやっていて、会社を潰す社長もいるのです。

④サービス力

さらに、それ以外には、「サービス精神」「サービス力」があります。

同業他社がたくさんあるので、仕事の仕方はだいたい分かっていると思いますが、「サービス」がよければ、それでお客を呼べることもあるのです。そういう意味で、ここはけっこう差をつけやすいところでしょう。

例えば、今、比較《ひかく》的流行《はや》っているコーヒー店にスタバ（スターバックス）があります。

ちなみに、スタバは、幸福の科学の学生部のアルバイト先としてかなり人気が高いようで、私も、あちこちの店でよく出くわしては、「あら、先生」と声をかけられたりします（笑）（会場笑）。新幹線に乗る前など、〝変なところ〟で会うこともあるのです。

おそらく、就職活動の際に、「こうしたところでアルバイトをした」と書くと、きちんとしつけられた感じがするためか、プラスになるのでしょう。時給は大してよくないようですが、そこで働いたことで、多少、プライドが生じるらしく、当会の学生部はわりによくスタバでアルバイトをしています。

なお、一説には、スタバの裏には秘密結社フリーメイソンがあり、宗教がかかわっているとも言われているためか、応対のノウハウとして、「人に対する優《やさ》しさ」といったものがあるわけです。それで、給料が高くなくても、従業員の定着率はよく、評判もわりによいのでしょう。また、カップは単純なものとはいえ、味はそこそこよいのだろうと思います。

そのように、サービスで差をつけるやり方もあるのです。

起業家に見られる４つの強み

① 技術力・技術開発力
② 営業力
③ 財務力
④ サービス力

「協調性」は、意見の合わない人たちを束《たば》ねつつ運営するために必要なもの

さて、「強み」としては、だいたいこの四つぐらいはあるのですが、たいてい、何か一つが傑出《けっしゅつ》していて、あとのものは、それほど強くないことが多いのです。

例えば、技術系の人であれば、営業はあまり得意ではないことが多いですし、営業が得意な人は、技術や財務が分からなかったりします。また、財務系の人は、営業や技術面が得意ではなかったりするのです。

あるいは、会社の規模が小さいと、財務というよ

りは経理のほうが強いと思いますが、経理系はすぐに「経費を削《けず》れ」と言い出すので、サービスに力を入れたい人だと、カンカンになって怒《おこ》ったりすることもあるでしょう。

そのように、意見の合わない人たちを束《たば》ねつつ、事業をしていかなければいけませんが、人の和をつくっていくのも、それなりに難しいのです。

したがって、「〝宮仕《みやづか》え〟が嫌《きら》いだから独立したい」というのは、残念ながら、あまり優《すぐ》れた素質ではないと知っておいてください。今勤めている会社で辞めると惜《お》しまれるような人材が独立すると、成功する可能性は高いのですが、「今の会社はつらくて辞めたい」と言って独立しても、あまりうまくいかないことが多いのです。

これは、仕事能力的な面から言ってもそうでしょう。

やはり、上の人に引き立てられ、今いる職場で評価されるという場合、たいてい、その人には「協調力」「協調性」があります。この点は、日本でもアメリカでも同じでしょう。協調性がない人は、離職率《りしょく》が非常に高く、会社を辞める原因の筆頭は「協調性がないこと」です。こういう人がだいたい辞めるのです。

しかし、「協調性がないので、会社を辞めて独立する」となったら、先ほど述べた四種類の人間を束ねてやっていこうとしても、すぐに喧嘩《けんか》になるのではないでしょうか。

例えば、社長が、「わしは営業をやるんだ。文句《もんく》を言うな！　出張費なんか幾ら使ったって、売れたらいいじゃないか」と言えば、経理のほうは、「社長はエコノミーで行ってください」などと言い始めるわけです。それに対して、「社長なのにエコノミーで行けるか！」と言ったところで、「そうは言っても、これで儲かるのはこれだけですよ。これだと赤字になるではないですか」などと言われてしまうでしょう。

こういうことがあるので、いろいろなところと協調しながらやっていかざるをえなくなってくるのです。

その意味で、以前の会社で修業《しゅぎょう》しなかった分のツケは、独立しても必ず回ってきます。要するに、前のところで、人間関係などで失敗した場合は、新しい職場でもう一度、立て直さないといけないところがあるわけです。

もちろん、三十五歳《さい》以上の方、つまり、中年から熟年の起業家で、独立してやっている方は、ある程度の経験があるでしょうから、それほど老婆心《ろうばしん》から言わなくてもよいとは思いますが、やはり、規模相応に、使える人の年齢《ねんれい》層も違ってくるでしょう。

例えば、「社長を譲《ゆず》るのは、二代目が四十五歳ぐらいになったときだ」と言われています。要するに、四十五歳ぐらいになると、だいたい人が使えるのです。

中小企業が多いとはいえ、それでも四十五歳ぐらいにならないと、そう簡単に人は使えません。また、先代の社長の使っていた番頭《ばんとう》が言うことをきいてくれるのが、二代目が四十五歳になったときぐらいからなのです。そのくらいになると、周りも、「まあ、社長になって当然だな」と思って、言うことをきいてくれ始めます。つまり、自分なりのやり方とか、自分なりの人材選びとかをして、だんだん、自分風の会社につくっていけるのです。その年齢が四十五歳ぐらいになります。

したがって、三十五歳から四十五歳の間の人には、まだまだ我慢しなければいけないことがあるわけです。

実際、私が経験した感じでは、四十五歳でもまだ十分ではありませんでした。年上の幹部がそうとういたので、まだ完全に自分の思うようにやれるレベルまでは行かず、少しは抑《おさ》えながらやらなければいけない感じがしたのです。

ただし、これについては規模にもよるかもしれません。当会の場合、職員の規模は、今、幸福の科学学園の職員などが増えていて、ＨＳＵ（ハッピー・サイエンス・ユニバーシティ）の職員まで入れると二千人近くになりつつあります。また、これだけで済めばよいのですが、それ以外にも、信者で〝セミ職員化〟した人が支部や精舎《しょうじゃ》にたくさんいるので、現実の規模としては、さらに大きいわけです。この人数を動かすとなると、なかなか難しいところがあるだろうとは思っています。

したがって、謙虚《けんきょ》でなければいけないし、その上でじわじわと実力をつけていかなければならないと思うのです。

3　熟年起業家が成功する秘訣《ひけつ》

定年が近づいたら、「新しい能力」の開発を

また、熟年以降の方の場合は、「能力開発の問題」がどうしても出てきます。「年を取ったら、もうできないのではないか」とか、「無理なのではないか」とか、悲観的な考えがたくさん出てくるでしょう。しかし、物事を学ぶのに年齢《ねんれい》はそれほど関係なく、基本的には、やる気を持って継続《けいぞく》すれば、能力は身につくのです。

例えば、ある有名な会社の社長で、「六十歳《さい》になって海外へ行き、英語が全然話せなかったことが悔《くや》しくて、帰国してから急に英会話の勉強を始めた」という人がいました。周りは、「そんな無理なことはやめなさい」と言ったのですが、

その人は本当に英語が話せるようになったようです。さらに、「力が余って、ドイツ語にまで手を出して、話せるようになってしまった」という話まであるらしいのです。

つまり、「年齢は、必ずしも問題ではない。六十の手習いは本当にある」ということでしょう。そうした年齢からでも、新しい能力を開発することは、訓練によって可能なのです。

一方、何も努力しないでじっとしていると、〝定年延長〟を迎《むか》えるに当たって、どうなるでしょうか。新しい言葉で、「シニアシフト」という、「シニアの年齢の人を、どのようにシフトしていくか」というものがあるのですが、トヨタ自動車では、一般《いっぱん》に言う定年が来て、それを延ばす際に、清掃員《せいそういん》などに切り替《か》えようとしたことがありました。

確かに、人によってはそれでもよい場合もあるでしょう。しかし、「清掃員では、さすがにプライドがもたない」という人もいることはいるはずです。やはり、技術を持っていたり、経営能力があったりする人の扱《あつか》いは、よく考えなければいけません。トヨタのような大きな会社でも、もう少し努力の余地はあると思います。

ともかく、定年が近づいたりして、会社に軽く扱われる時期が来たと思ったら、その前に、「新しい能力」の開発に入らなければいけないわけです。英会話もその一つですが、ほかの能力でもよいでしょう。

ただし、今、コンピュータ系のものは広がりすぎているので、「ＩＴのほうができる」ということでは、必ずしも「技術を持っている」とは言えない時代に入っているようです。したがって、これだけで独立できると考えるのは甘《あま》いと思ったほうがよいかもしれません。昔はそれでも十分だったのですが、すでに、これは特殊《とくしゅ》技能ではなくなってきているので、今は難しいと思われます。六十歳ぐらいで、「ＩＴが使えるようになったから独立できる」と考えるのは甘いわけです。要するに、若い人はみなそれができるので、もう少し〝プラスアルファ〟がなければいけません。

しかし、あくまでもスタートの年齢にはこだわらないでください。

例えば、私の母も、今年（二〇一三年）で八十一歳になるのですが、毎日、四則演算《しそくえんざん》、つまり、足し算、引き算、掛《か》け算、割り算の問題を百題ぐらい解いています。しかも、母は、百問を四分ぐらいで解くらしいのです。

また、孫などの若い人たちが来ると〝勝負〟をする癖《くせ》があって、勝つか負けるか、ジャンル別に勝負をしています。

私には、麻布《あざぶ》高校に通っている三男（大川裕太《ゆうた》。説法《せっぽう》当時）がおり、文系でトップ、全体でも三番ぐらいにいるのですが、その彼が、八十歳を過ぎた祖母と四則演算の勝負をして、「足し算と引き算、掛け算では勝ったけれども、二桁《ふたけた》の割り算で負けた。時間を計《はか》ったら、おばあちゃんのほうが速かった。二桁の割り算では負けてしまった」と言っていました。

ちなみに、三男は小学生のとき、算数オリンピックでファイナリストまで行っているので、算数はかなりできたのです。そもそも二桁の割り算となると、誰《だれ》でもそんなに速くは計算できないでしょう。しかし、その二桁の割り算で、八十一歳の母のほうが勝ちました。

さらに、その他の職員を呼んできてはよく勝負をしているそうですが、やはり、彼らも、どこかのジャンルで負けているようです。

まだ、八十歳でもけっこういけるということでしょう。私もそれを聞いて、「母と勝負をしたら負ける」と思い、勝負しないでいます（笑）。負けたらさすがに恥《は》ずかしいし、それをあとで宣伝されると大変なことになるので、しないことにしているのです。

英語力では、次女に負ける可能性が出てきている

なお、英語などは、大学生の次男（大川真輝《まさき》。説法当時）よりは、まだ私のほうが学力は上のように思うのですが、いちばん下の五番目の子供で、幸福の科学学園（中学校・高等学校）に行った次女（大川愛理沙《ありさ》。説法当時）には、何か「負けるかもしれない」という感じを持ってはいます。〝私がつくった兵法で、私が敗れる〟可能性が高いのです（笑）。

開成《かいせい》や麻布に行った次男や三男の英語力では私に勝てないのですが、幸福の科学学園に行った次女には負ける可能性が出てきています。中三で英検準一級の問題を見て、「このくらいが、ちょうどいい」などと言っているので、「これは怖《こわ》いな。成長度が速い」という感じがするのです。

彼女は、同じ学校に英語のできる人がほかにもたくさんいるので、それが普通《ふつう》

だと思っているのでしょう。都会の学校に行っていたら、ほかの人がそれほどできないのが分かるのですが、距離《きょり》が離《はな》れているために分からなくて、「できて当然だ」と思っているのです。その結果、自分もできるようになってしまったわけです。

そういうこともあって、「年齢に関係なく、やればできるようになる」という話をしてみました。

ともかく、人間は、年を取っても、やればできるようになるのです。

若い人の力を伸《の》ばせれば、熟年起業家は成功する

ただ、年を取ると、体力等は多少落ちてくることもあるので、無理をしない感じで体力の補完をしながら、いかに人を使って、その人の能力を伸《の》ばすかが大事でしょう。

若いときは年上の人を使えることが大事ですが、実際に、三十五歳から上、あるいは、四十五歳から上になって起業家になる場合、今度は、「いかにして若い人の能力を引き出し、伸ばしていくか」が大切になります。ほめたり、長所を見つけてあげたり、勉強させて才能を磨《みが》かせたりして、彼らに力をつけさせることです。

そして、平均以下の人は平均ぐらいに、平均ぐらいの人は平均以上に、平均以上の人は、ものすごく優《すぐ》れたエキスパートに持っていけるように、若い人の力を伸ばすことができれば、熟年起業家の場合、成功する可能性が極《きわ》めて高いのではないでしょうか。

オーソドックスに、全体的なことを述べましたが、基本的には、自分の好きな範囲《はんい》、関心のある範囲で、努力を継続できるようなものを対象にするのがよいと思います。

4　経営者は「年中無休」と心得《こころえ》よ

経営者とは、常に未決の問題を考え続けることができる人

なお、経営者になるのであれば、「年中無休だ」ということは覚悟《かくご》しておいてください。

勤め人《にん》、サラリーマンの場合は、会社が休みのときは休みでもよいのですが、社長等になるのであれば、もはや、会社や事務所は休みでも、自分は休みではないわけです。

要するに、会社には行かないとしても、ゴルフをしようが釣《つ》りをしようが、その他、ショッピングをしていようが、心は常に経営のところにないといけません。

あらゆるものが経営のヒントになるので、どんな時間でも経営について考えていなければいけないのです。「いつも、未決の問題を頭のどこかには置いておかなければならない」ということを知っておいてください。

そういう意味で、「休まずに続けることができる」という能力を持っている人が「プロ」であり、「経営者」なのです。

〝フル回転〟しているのに、やる気が出ないときは「情報遮断《しゃだん》」を

最後に、念のため、逆の注意も述べておきましょう。

年中、〝フル回転〟して、新聞は読むわ、テレビは観《み》るわ、雑誌は読むわ、本は読むわで、忙《いそが》しくやっている人の場合、何となく不調になってきて、鬱《うつ》になったり、やる気が起きなくなったりすることもありますが、そういうときには「情報遮断《しゃだん》」をしてください。

たまにしかないとはいえ、猛回転《もう》しているにもかかわらず、どうも調子が悪く、おかしくなりそうだという場合は、情報遮断をするのがいちばんよいのです。例えば、三日なら三日、長ければ一週間ぐらいでもよいと思いますが、テレビを観たり、新聞を読んだり、週刊誌を読んだり、本を読んだりするのをやめて、情報遮断をすると、いったん頭が〝空《から》っぽ〟になってきます。そうすると、またもう一段、頭が動き始めるようになるのです。

つまり、頭が疲《つか》れて〝オーバーヒート〟しているので、そのときは、いったん情報遮断をします。そして、「無駄《むだ》なニュースは観ない。新聞も雑誌も読まない」というように少し時間を空《あ》けると、また、やる気が復活してくるわけです。そうしたことも、テクニックとしては知っておいてください。それほど多くはないでしょうが、そういう場合もあるだろうと思います。

総論としては、以上です。

第1章　ポイント

- 三十五歳《さい》までに起業家として成功するには、「自分より年上の人たちに認められ、引き上げられる」ということを外してはならない。

- 自分より年下の人しか使えなかった場合、その会社は大きくならず、大きくしようとすれば途中《とちゅう》で潰《つぶ》れる。

- 小さい会社の社員は、セクションの垣根《かきね》を超《こ》えて仕事ができるような器用さが必要だ。

●「〝宮仕《みやづか》え〟が嫌《きら》いだから独立したい」というのは、あまり優《すぐ》れた素質ではないと知るべし。人を束《たば》ねるには「協調力」が要《い》るのだ。

●年齢《ねんれい》は必ずしも問題ではない。定年が近づいたら「新しい能力」の開発に入れ。

●熟年起業家が成功するには、「いかにして若い人の能力を引き出し、伸《の》ばしていくか」が大切になる。

●経営者は「年中無休」と心得《こころえ》よ。

第2章　経営が黒字であることの小さな喜び

――黒字を生み出す「考え方」と「徳」を探《さぐ》る――

二〇一六年一月二十七日　説法《せっぽう》

東京都・幸福の科学総合本部にて

1　どのようにして「黒字体質」をつくるか

散歩中に立ち寄った小さなお店で感じた「経営の難しさ」

本章では、大きな話ではなく、〝小さな話〟をしていこうと思います。

幸福の科学では、宗教の教えで人間の幸福を説いたり、政治の教えで、もう少し大きなレベルでの、地方や国の経営の成功の話をしたりもしています。

ただ、生きている個々人としては、やはり、自分の勤めている会社やつくった会社、運営している会社、あるいは自分の家の家計のレベルまで含《ふく》めて、それらがどういう状況《じょうきょう》であるかということが、人生に大きな影響《えいきょう》を持つのではないかと考えているわけです。

本章のようなテーマで述べてみようと思いついたのは、昨日《きのう》、『「パンダ学」入門――私の生き方・考え方――』（幸福の科学出版刊）の著者（大川紫央《しお》・幸福の科学総裁補佐《ほさ》）と散歩に出て、小さなお店に立ち寄り、そこで飲食をしたことがきっかけでした。

そのときはお昼過ぎだったのですが、店主の奥《おく》さんとそのお子さんと思われる一歳《さい》ぐらいの子供とが遊びに来ていました。お客さんも何人かいましたが、おそらく、パパの顔を見に来ていたのでしょう。

それを見て、私は、「一歳ぐらいの子供だな。この子が成長するまで、このお店は続くだろうか」というようなことを考え、もう少しで〝深い瞑想《めいそう》〟に入りそうになりました。「はたして、このお店がもつかな。もう少ししたら、一人目の子供は保育園や幼稚園《ようちえん》に通えて、奥さんが手伝えるようになるかもしれないけれど

『「パンダ学」入門―私の生き方・考え方―』（大川紫央著、幸福の科学出版刊）

も、もし二人目が生まれたら、どうなるのかな」などと考えてみたりもしたのです。

あるいは、「これは、児童手当が出たら、それで解決するのだろうか」とか、「学校がすべてタダになったら、子育てができて成功するのだろうか」とか、いろいろなことを考えてみました。

しかし、そうは言っても、「本業の仕事そのものが黒字であり続けることが、家族を守り、人生を設計していく上では大きいだろうな」と、つくづく感じたのです。「児童手当などの制度が整えられ、学校の授業料等を安くしてもらったからといって、それだけで、人生は行けるものではないだろう。やはり、本業そのものというか、仕事そのものがある程度成功し、もちろん、借金で倒産《とうさん》するようなこともなく、黒字体質になることが大事ではないか」と思いました。

ただ、このようなことを思ったのも、次のような不思議な体験をしたからです。

実は、そのお店で、紫央総裁補佐と雑談をしながらお茶を飲んだりしている間に、私の意識が一、二秒ぐらい、フッと〝幻想《げんそう》的な世界〟に入りました。そして、実際に起きたわけではないものの、そこの店主が、「三百万円、貸してくれないか」と言ってきたような感じがしたのです。

夢でもなく、幻《まぼろし》でもないのですが、一瞬《いっしゅん》、そのようなものが意識に入ってきました。現実には何もないにもかかわらず、私が、「いや、出してもいいですよ。三百万円ぐらい、契約《けいやく》などしなくても大丈夫《だいじょうぶ》です。お金ができたときに払《はら》ってもらえればいいですから」などと言って、会話をしているようなシーンが、一瞬、見えたのです。

そのとき私は、「運転資金に苦しんでいるのだな。この感じで行くと、月十万円から十五万円ぐらいの赤字が出ているのではないか」というような印象を受けました。

しかし、そのあたりで、十万円から十五万円ぐらいの赤字が出るようなレベルだと、例えば、銀行に「融資《ゆうし》してくれ」と言っても、そう簡単に貸してもらえるレベルではありません。事業計画書を書いたところで、なかなか信用してくれないはずです。

あるいは、たとえ私が、「将来、儲《もう》かったら返してくれればいいよ」と言って、三百万円を無利子でポンと出したところで、来年、再来年《さ》、その先と、商売を続けていけるかどうか分からないのは同じでしょう。銀行なども同じように判断すると思います。

やはり、小さいお店の経営でも、事業となると、なかなか難しいものなのです。こうした状態も積み重なっていったら、一千万円、二千万円、三千万円という赤字になって倒産に至るようなこともあるかもしれません。また、お金を借りたら借りたで、それだけ借金が膨《ふく》らんでいく場合もあります。

ともかく、一瞬の幻のようなものを感じて、そのようなことを思ったのを覚えています。

他人《たにん》の庇《ひさし》を借りて始めた「幸福の科学」の当時を振《ふ》り返る

なお、私たちが教団を始めたのは、もう今から三十年ほど前になりますが（説法《せっぽう》当時。一九八六年十月六日立宗《りっしゅう》）、最初の事務所は、東京都杉並《すぎなみ》区の西《にし》荻窪《おぎくぼ》の駅に近いところにあり、六畳一間《ろくじょうひとま》で家賃はゼロ、タダで貸してもらっていました。当時の信者のお布施《ふせ》と言えばお布施ですが、一軒家《いっけんや》に外階段を付け、二階の一室を増築してもらったところで始めたのです。

幸福の科学は六畳一間の事務所から始まった（東京都杉並区）。

いわゆる理論どおりなのですが、〝他人《たにん》の庇《ひさし》を借りて〟始めました。庇というのは、雨避《あまよ》けのためにあって、雨だれが落ちるところですが、「庇の下を借りて始めた商売は、失敗することがない」という話は、昔から「経営の原点」のように言われているのです。

要するに、「最初から大規模にポンと店を出したりすると、たいてい潰《つぶ》れるが、他人の庇を借りて、タダ同然のところから小さく商売を始め、元手をつくって大きくしていったような人は失敗することはない」と言われており、その話どおりに、「資本金ゼロで始めた」というのが正直なところでした。

ちなみに、私は、会社を辞《や》めたときに、自分では三百五十万円ぐらい預金を持っているつもりでいたので、「それを資本金に」と思っていたのですが、結局、一円も使わなかったのです。その二、三年後の引っ越《こ》しのときに、通帳がもう一通出てきて、六百万円ぐらい持っていたことが判明したのですが、自分が幾《いく》ら持っているか知らなかっただけではなく、そのお金を一円も使わずにこの仕事を始めたのを覚えています。

なお、今、初代の職員がまだ総務の部長で残っていますが、彼は二十二歳のときに、月五万円のアルバイト料で来てくれました。また、事務所の家主《やぬし》さんから、最初に三万円ぐらい借りて、事務用品等を買ったと思いますが、その三万円は一カ月以内に返しています。

さらに、事務所（六畳一間）も三カ月ぐらいは無料で借りていたのですが、三カ月を過ぎたら少し収入もできてきたので、家賃を払い始めました。そうしたら、向こうのほうがびっくりしてしまい、「宗教で、こんなことがあってはいけないのではないか」と言ってきたことがありました。最初は月に十五万円ぐらい払い始め、その次の年の春ごろには月三十万円ぐらい払っていたのではないかと思います。それで、向こうのお父さんも、「これはもらいすぎだ。こちらが儲かりすぎなので、これはいけない」と言い始めたりもしました。

もちろん、家賃をゼロで始めることは、経営的には非常にリスクが少ないでしょう。しかし、私の気持ちとしては、「ある程度、収入が入ってき始めたら、きちんとけじめをつけたほうがよいだろう」と思っていました。十五万円なり、二十万円なり、三十万円なりお支払いしておくことで、運営の独自性が担保《たんぽ》できるからです。

やはり、「タダで借りている」ということで、経営レベルや運営方針までいろいろと意見を言われて、パトロンのような感じで長くやられても困ります。そのため、家賃を入れることで、考え方の独自性を保つというか、こちらの考え方でやれるようにしようと思ったのです。

そして、その後、管理職を採用し、事務所も家賃が三十万円ぐらいのところに移るわけですが、そのときに、立宗して数カ月で早くも〝独立騒動《そうどう》〟が起きてしまいました。最初の大家《おおや》が自分の家から出てほしくないために、いろいろとあったのです。

「小さなものを大きくしていった苦労」と「懐《なつ》かしい思い出」

ともあれ、「最初は小さく始めて、それを大きくしていく」ということを身をもって経験したため、小さな店等を見ると、やはり、身につまされるというか、感じるものがあります。三十年前は自分も同じだったのでよく分かりますが、「どのようにして、小さなものを大きくしていくか」、あるいは「黒字体質にするか」というのは、けっこう難しいテーマでしょう。

ただ、私の仕事の仕方は、当時も今もそれほど大きくは変わりません。六畳一間を借りて事務所を開く前には、一回、顔を出して、ボランティアの人とも会ったりはしましたが、開いてからあとは、ほとんど行きませんでした。信者になろうとしている人などが外から訪ねてくると、六畳一間では狭《せま》く、私の居場所もないので、結局、行かないうちに次の事務所に移ってしまったのです。

また、次の事務所では、パーティションで仕切り、三十畳のうちの一・五畳分ぐらいを私の居場所としてつくってくれたのですが、そこもいられるわけはありません。入り口が一カ所なので、中にいると、人が入ってきたら、そこから出られなくなるからです。

そのため、人が来ないときに、月一回ぐらい、「会議」と称《しょう》して話はしていましたが、たいていは、書類のようなものをつくってもらって、それについてコメントを書くようなスタイルで、自宅のほうで仕事をしていました。自宅といってもマンションですが、そちらのほうで執務《しつむ》をしていたのです。

そうした状況で、本を書いたり、人を集めたときには出ていって話をしたりするようなスタイルでやっていました。当初から、わりに遠隔《えんかく》指導型の経営をしてはいたのです。

また、懐《なつ》かしいのは、そのころの経理担当者の給料について考え込《こ》んだことです。その人は、上級官僚《かんりょう》ではないものの、大蔵省《おおくらしょう》（現・財務省）の事務をやっていました。ところが、その経理担当者を雇《やと》うのに、「給料を幾らにしようか。手取りで二十万円払えるだろうか」と飛行機のなかでウンウン言いながら考えてしまったのです。

「二十万円の給料を払えるだろうか」というような計算をしていたわけですから、小さい話でしょう。そのように、非常に小さなことで、「少し高すぎるかな」などと考えていたのを覚えています。

「信用」の有無《うむ》によって変わってくる相手の対応

そういうところから始めて、現在まで活動を続けてきたのですが、最初にどうしてあれほど慎重《しんちょう》に考えられたのだろうかと思うところもあります。

以前に勤めていた会社では、ものすごく大きな額のお金を扱《あつか》ってはいたものの、それは自分のお金ではなく、懐《ふところ》が痛まない他人《ひと》のお金だったので、失敗しなければそれでよかったわけです。

ただ、会社がそこまでの信用をつくるのには、大勢の人が何十年もかけてきたのでしょう。一方、個人が「何千億円貸してくれ」とか「一兆円貸してくれ」などと言ったところで、貸してくれるはずもありません。会社だからこそ借りられたのであり、独立後は、もちろんそういうことはできないわけです。

幸福の科学の草創期、事務所の移転を検討していたときに、「融資でも受けたほうがいいかな」と思い、ある都市銀行に打診《だしん》をしたことがありました（『生命《いのち》の法』〔幸福の科学出版刊〕参照）。

会社を起こすときのマニュアル本等を読むと、「三年後には黒字化して採算が取れ、返済できるといった事業計画をつくって銀行と話をし、三年分ほどの資金を借りる」と示されているようなものが多く、私自身、そんな気持ちもあったのです。

当時、西荻窪の事務所から出て、もう一段大きなところに移る際に、ちょっと融資でも受けようかなと思い、都銀の支店長と会ったわけですが、開口一番に言われたのが、「生命保険に入っていますか？」ということでした。「えっ、生命保険？　どういうことですか」と訊《き》き返すと、「いや、もし、返せなかったときに、生命保険があれば、銀行のほうは回収ができるのです」と言われたのです。

これは、つまり、〝飛び込め〟ということでしょう。「初対面で、よくこんなことを言うものだ」と思ったものです。

独立するまでは、こちらは若くても、大企業《だいきぎょう》の代表として、数多くの銀行を相手に〝相撲《すもう》〟を取っていたのですが、個人になったときに、「生命保険に入っているか」と言われて、「ああ、そうか。『返せないときには〝飛び込め〟』ということなんだな。そうしたら、何千万円かは払えるということなのだろう」と分かり、ムッとしたのを覚えています。

それから、「担保はありますか」ということを訊かれたのですが、そんなものはあるわけがありません。「ない」から「貸してほしい」と相談しているのであり、あったら銀行に来ないでしょう。

担保があれば、どこであってもお金を貸してくれるでしょう。融資額に見合うだけの「土地を持っている」「家を持っている」などの担保があるならば、どこも貸してくれるでしょうが、こちらは、そういうものがないから借りたいのです。しかし、銀行側は、担保がないから貸してくれないわけです。

当時、そういうことを言われて、やはり、会社時代とはだいぶ違《ちが》うのだなということが分かりました。信用というものがあれば、口一つ、電話一本でできることが、信用がなければできないということを、よく勉強させてもらったのです。

2　経営危機をどう乗り越《こ》えるか

郷里の徳島で父と兄が始めた塾《じゅく》経営

ちなみに、私が幸福の科学を立ち上げる一年前、私の兄が、長年の京都遊学を終えて郷里の徳島に帰ってきて、父と共に学習塾《じゅく》を有限会社で立ち上げました。これが、始まる前は意気盛《さか》んだったものの、実際に開いてみると、思うようにはいかなかったのです。

まず、開塾する前に、新聞広告で従業員の募集《ぼしゅう》をかけたところ、百人以上が応募してきました。徳島新聞に従業員を雇《やと》うための小さな広告を出しただけで、百人以上も集まったというのは、魚釣《つ》りで言えば、釣れて釣れてしかたがないような感じでしょう。

応募者が大量に押《お》し寄せてきたので、「これはいける！」と気持ちよくなってか、駅前のビルを教室として借りたのです。さらには、応接間をつくって、絵を掛《か》けて応接セットを置いたり、円《まる》い形につくられた受付には受付嬢《じょう》まで置いたりと、最初から十人ぐらい雇って始めました。

ところが、「給料を払《はら》う」という呼びかけには百人以上もやってきたのに、「授業料を払ってもらう」ということになると、三カ月待っても生徒は十数人しか集まらなかったのです。兄は「ええっ、そんなバカな」と真《ま》っ青《さお》になってしまい、あれこれと企業《きぎょう》努力をし始めたわけです。

生徒を奪《うば》いに、同業他社であるほかの塾に〝突撃《とつげき》〟し、その前でビラを配ったり、兄が以前に勤めていた大手塾の分校にまで〝斬《き》り込《こ》み〟、ビラを配ったりと、いろいろなことをしたようです。

そのため、元勤務先である塾の大阪《おおさか》の本校からは、「あなたがうちに勤めていたのは知っていますから、ああいうことはやめてもらえないでしょうか」という電話がかかってきてしまいました。

「あなたは、もともとうちにいたじゃないですか。血で血を洗うような厳しい戦いはやめて、うちに勤めませんか。そんなことをするぐらいだったら、うちの講師になったほうがいいんじゃないですか」と言われたものの、兄としては、「一度、独立をして学園長になった以上、引っ込められない」ということで頑張《がんば》っていたようです。

当時、父と兄に塾の経営状況《じょうきょう》について話をしたことがあるのですが、私はたまたま財務のほうを仕事にしていたので、塾の事業計画と一カ月間の実態をパーッと見たら、「○年○月に倒産《とうさん》する」というところまで直感ですぐに分かってしまいました。

そこで、「三年目に倒産して、そのときの負債《ふさい》総額が二千万円ちょっとになるはずだ」と言ったところ、二人からは、「もう血も涙《なみだ》もないやつだ。こんなやつは家族として認められん！」と言われたのです。恥《はじ》のような話になるかもしれませんが、その塾の社長が父であり、兄が学園長だったので、「あんなやつは、もう人間ではない。親兄弟を何と思っているのか」という感じで怒《おこ》られました。

もちろん、ただ冷たくしているだけであれば、私は鬼《おに》の類《たぐい》と思われてもしかたがないでしょうが、「貸したらもう返ってこないだろう」とは思いながらも、自分の貯金の一部を塾の費用として出しています。それは、予想どおり返ってきませんでしたが、二人は、「いや、借りたお金は必ず返す。借用書《しゃくようしょ》を書くから」などと言っていました。

しかし、私からは、「いや、要《い》らないから。もう返ってこないだろうから、書かなくていい。あげるから、踏《ふ》み倒《たお》しても構わない。ただし、貯金の全額はあげられない。私も幸福の科学の立ち上げを考えていて、全額を出したら、そちらのほうが駄目《だめ》になる。だから、全額は駄目だけど、一部だけならあげる」ということを言ったわけです。

その次に私が塾に行ったときには、居合わせた講師たちと顔を合わせないように、「こっちこっち」と、別のところに連れていかれました。おそらく、弟からの経営コンサルタント的な言葉をほかの人に聞かれるとまずいと思ったのでしょう。

ただ、その段階では、すでに、教室の半分は返して賃料分を減らしたり、受付の人が全員いなくなるなど、人を削《けず》ったりしていたようですが、そういうことは、初めから見えていたことではあります。また、父のほうも、そういう経営はしたことがなかったものの、県庁に勤めていたときに事務的な仕事をしていたので、いちおう表を書いたりするなかで、経営がまずいことは分かっていたようです。

その後も経営努力をして、さらに教室の一部を返したり、先生をクビにしたり、自分もクビにするなど、小さくしながら続けていったのですが、結局、始めたときに考えていた計画では、生徒が二百五十人から三百人ぐらいは来ることになっていたところが、コスト削減《さくげん》をして損益分岐点《ぶんきてん》を七十人に下げるなど頑張ってはみたものの、最終的に五十人ぐらいしか集まらず、採算ラインまでのあと二十人までどうしても届かなかったため、結局、徳島新聞社に載《の》せた広告代金を踏み倒して倒産というかたちになってしまったのです。

その後は、私のほうが債務を払うかたちになり、二千万円ほどの後片付けをしたわけです。

徹底《てってい》した「ローコスト経営」から始まった幸福の科学

目上の人というのは、言うことをきいてくれないものであり、「やめろ」と言っても、なかなかやめてはくれません。

ただ、幸福の科学よりも一年ほど先行して始まった身内の塾経営ではそういうことがあったので、幸福の科学の立ち上げのときには、「最初にお金を使わずに始める」と考えており、お金を使うことにはすごく慎重《しんちょう》だったのです。

会社に勤めていた時代は、実際に、会社全体で総額一兆円ぐらいは借りていました。また、為替《かわせ》の予約やディーリング（取引）での計であれば、自分の担当分としては一人で一日三十億円ぐらいは売り買いして、「五十一パーセント勝てば勝ち。五十パーセントを切ったら負け」ということをやっていたこともあります。

しかし、それが個人経営になると、「どのようにしてお金を使わないようにするか」というところから、小さく始めました。いわゆる「ローコスト経営」ですが、できるだけ初動期のコストを下げて、収入だけが起きるスタイルをつくったわけです。

コストを限りなくゼロにしつつ、小冊子を書き、それを最初の座談会（一九八六年十一月二十三日）で頒布《はんぷ》することで数十万円の収入をあげ、教団の初動資金にしました。

その後、タイプ印刷による会誌を出し、会員を集め、十万円台ぐらいで借りられた東京の牛込《うしごめ》公会堂（一九八七年当時）で、約四百人を相手に講演会を行いました。それで、また、何百万円かの収入があがったのだと思います。

そのようにして、幸福の科学を立宗《りっしゅう》してから半年ほどたった一九八七年の六月ごろには、三十畳《じょう》ぐらいの地下事務所を約三十万円で借り、最初の事務局長を据《す》えて、給料を払うまでになりました。

1987年3月8日、東京の牛込公会堂で開催された講演会「幸福の原理」の様子。『幸福の原理』（幸福の科学出版刊）所収。

その人はタダ（無給）で来るつもりではいたようですが、「給料として二十万円ぐらいは出そうか」という話をしたところ、奥《おく》さんが泣いて喜んだそうです。現実には三十五万円ほど払いました。

そして、その人が着任後、六月末になったときに、「先生、預金が五千万円を超《こ》えていますよ」と言ってきたので、いつの間にかそんな状況になっていたことに気づいたわけです。支出が極《きわ》めて少ないため、収入ばかりが貯《た》まる体質になっていたのでしょう。

それから、「お金がこんなに貯まっているのだから、どうにかしなければいけません」ということになり、ようやく、正式に人を雇い、私にも給料が出るようになったのです。

幸福の科学としては、そのような経験もしてきました。

紀尾井町《きおいちょう》ビル移転のあとに経験した初めての経営危機

今、振《ふ》り返ってみると、自分としては、職員数が五十人ぐらいのときが、いちばん楽しかったような感じがあります。

五十人から百人ぐらいのころには、全員の顔と名前や、各自の経歴、癖《くせ》など、いろいろなものをすべて知っていましたし、みな、だいたい私が言ったとおりに動いてくれて、何をやっても失敗しなかったのです。そのあたりのときには、企画を立て、思いついたことをしているにもかかわらず、何をやっても当たるといった状態が続きました。

では、最初のネックはどこだったのでしょうか。

おそらく、一九八九年の年初に、朝礼で、「三年以内に丸の内《まるのうち》に事務所を進出する」というようなことを言ったころからだと思います。実際に、年末に移ったまではよかったのですが、当時、日本一家賃が高いと言われた「紀尾井町《きおいちょう》ビル」というところに入ってしまったのです。

その上、それを申し込んだ総務の責任者は、職員を辞《や》めて逃《に》げてしまいました。「お金を集めるのもあなたの仕事だろうが」と言ってやりたいのに、申し込みだけをして、本人は逃げていなくなったのです。

そして、「ビルに入るためには、保証金として五億円必要です」と言われて、こちらも初めて、「億の壁《かべ》」というものを感じました。それは保証金と敷金《しききん》も合わせての金額だったかもしれませんが、ビルのオーナーである大京《だいきょう》は、すでに調査員を使って、幸福の科学の銀行残高を調べていたようです。それで、大京のほうも、当会の銀行残高が五億円はないということは分かっていたらしく、そのことを心配していました。

ただ、「宗教だから、もしかしたら、畳《たたみ》を裏返したら、教祖が床下《ゆかした》にたくさんお金を隠《かく》し持っているのかもしれない。そういうこともありえるので、銀行にないからといって、ないとは言えない」などと推測したのかもしれません。

また、私も、「今のところ、一九九〇年には、幕張《まくはり》メッセで、五回ほど講演会を行う計画を立てている。一万数千人は入るので、ザルッと見ても、一回当たりの利益としては一億円は入るだろう。そうすると、五回行《おこな》ったら五億円は入る。だから、五億円は払える。問題ないのだ」などと言って大見得《おおみえ》を切ったため、そのときはお金がなかったにもかかわらず、いちおう、紀尾井町ビルに入れることにはなったわけです。

しかし、入居してから、ようやく、資金を集めるために会員に呼びかけたものの、二億円ぐらい

1990年10月28日、千葉・幕張メッセ国際展示場で開催された講演会「仏陀再誕」の様子。『悟りの極致とは何か』(幸福の科学出版刊)所収。

しか集まらず、最初は困ったような状態が続きました。

確かに、大きなところに事務所が入ると、宣伝効果は大きく、テレビのワイドショーなどでは、「どうして、こんなところに入れるのか」というようなことをワアワア言われました。そのころテレビ業界にいた幸福の科学の現幹部も、「なぜ、こんなに高いところへ入れるのでしょうか」などと言っていたかもしれません。しばらくはそのようなことを言われてはいたのです。

ところが、一九九一年の御生誕祭《ごせいたんさい》のときに、「会員数百五十万人突破《とっぱ》」と打ち上げたところ、それをもとに計算する人が出てきました。

紀尾井町ビルの家賃自体は年間三億円だったのですが、ワイドショーに出演していたある女性が、「会費が千円だとして、百五十万人を掛けたら十五億円になるので、家賃三億円は払えるのではないですか」ということを、相方《あいかた》のキャスターに言ったところ、「ああ、なるほど」と納得《なっとく》したようで、そのあとは二度と言わなくなったのです。単純な計算をして、そのようなことを言っていたと思います。

しかし、そのころから、幸福の科学の経営としては厳しくなり、大きくしていくのが大変でした。

幸福の科学の総合本部が西荻窪《にしおぎくぼ》にあった一九八〇年代には、職員も最大で百人ぐらいまでだったのですが、容《い》れ物が大きくなったら、いつの間にか千人になり、一九九一年末には千三百八十人ぐらいまで増えていたのです。ところが、その翌年《よくとし》にはリストラが起きてしまいましたし、一度だけ、二百五十カ所まで開いていた支部を、百カ所ほど減らしたりするようなことも初めて経験しました。

ただ、経営危機としては、この一回しかありません。

「赤字の危機」が宗教らしさを増すきっかけとなった幸福の科学

一九九一年の夏から九三年の四月ごろまでは赤字基調で推移していたのですが、当会の会員に借入金《かりいれきん》をお願いして、運営をもたせているうちに、だんだん収支がトントンになっていきました。そして、次男の真輝《まさき》が生まれた一九九三年の五月には、採算が取れて黒字に転化したわけです。

それ以降は赤字の経験がありませんが、九一年のときの赤字はけっこうきついものがありました。外向けにずいぶん宣伝をしたり、大講演会を開催《かいさい》したりしていたのですが、週刊誌等によるバッシングもけっこう厳しかったのです。

また、幸福の科学では現在のようにお布施《ふせ》を受けるカルチャーがまだできていなかったので、経費だけが先行していました。「人を大勢雇って、事務所をあちこちに借り、広告を打って……」という感じで大々的にやっていたので、九一年の八月には、月当たりの赤字額が数十億円と言われて真っ青になったのを覚えています。それまではそういう経験がなく、本当に倒産するかもしれないと思って、脂汗《あぶらあせ》が流れるような状態だったのです。

当時の事務局部長は銀行出身だったのですが、普段《ふだん》は穏《おだ》やかな方なのに、そのときだけはものすごく厳しい顔になって、「いい格好なんかしていられませんよ！　こうなったら、もう潰《つぶ》れてしまいますからね」と言っていました。

そこで、当会の会員にお金を募《つの》るかたちで教団の活動を支えていただくようになり、やがて、純粋《じゅんすい》な布施として受けるカルチャーができていったのです。

意外なことに、幸福の科学では赤字をつくったことで宗教としての当たり前の活動ができるようになったわけです。しかし、「そういう経験は二度とごめんだ」とは思っています。

これは、「小さなところから、ほんの数年で職員規模千人を超えるところまで拡大して大規模の会社となった場合に、先行投資がそうとう要るようになって経費が増大し、経営がついていかなくなった事例」ということになるでしょう。

宗教団体であるとは言え、まだ信仰心《しんこうしん》があるとは思えないような段階ではありましたが、幸いにして、信者は教団に潰れてほしくはないと思っていたようで、助けてくださったのです。

私も、もともとはビジネスマンだったということもあり、タダでお金を借りたり、寄付をしてもらったりするようなことになかなかなじめなかったわけです。一定の対価関係、ギブ・アンド・テイク型でビジネスをするような感じでしかお金はもらえないものだと思っていたので、この考え方を変えるのにだいぶ時間がかかりました。

そのようなところから、「信仰と伝道」、あるいは「植福《しょくふく》（布施）」ということをしっかりと説くようになり、宗教らしくなっていったのですが、自分自身もそのように成長し、変化するのに時間がかかったような気はします。

小さなお店や会社を起こして経営している人も、その種類や名目は違《ちが》うかもしれませんが、おそらく似たような経験をするのではないでしょうか。

3　黒字を生むための経営者の「徳」

事業で人を使うために必要な「信頼関係《しんらい》」

だいたい、新しい事業やお店などを始めようと思う人は、何か「好きなもの」があるはずです。

例えば、パスタのお店を経営している人であれば、パスタをつくるのが好きだったり、ワインのお店の人であれば、ワインがとても好きで、それに関する蘊蓄《うんちく》を持っていて、いろいろと議論できるようなことを他の人よりも知っていたりするかもしれません。あるいは、小さな出版社を立ち上げようと思う人は、本好き、活字好きで、何か出してみたいと思っているかもしれません。そのように、いろいろな企画《きかく》があったり、何か人に長ずるところがあったりするのだろうと思います。

ただ、自分自身、あるいは自分の家族ぐらいでできるような、趣味《しゅみ》に毛が生《は》えたレベルの範囲《はんい》と、人を雇《やと》うレベルの範囲ではまったく違《ちが》ってくるわけです。人を使って経営するのであれば、やはり、それなりに難しい関係になります。

もちろん、宗教ならば、「信仰心《しんこうしん》」というものが一つ介在《かいざい》することもあるかもしれませんが、宗教ではない普通《ふつう》の会社の場合であれば、信仰心とまではいかなくとも、何らかの「信頼関係《しんらい》」のようなものがなければいけません。

そういう意味で、「オーナーや社長の言うこと、事業のやり方や経営、センス等に対して信頼ができる」、「ついていける」という感覚がないと、なかなか難しいでしょう。

それから、雇用《こよう》の安定ということは誰《だれ》もが求めるところなので、そこまで考えてくれるかどうかということは、ずいぶん気にされているのではないでしょうか。

経営者になるために必要な「分福《ぶんぷく》」の精神

ただ、ビジネスなりお店なり、何か新しい仕事を始めようとする人は、そういうものが好きで、ちょっとした職人肌《はだ》のところはあるだろうと思うのです。

そのときに、「自分の考え方やテイスト、好みが、日本一、世界一のものだ」と思って、それを他の人に押《お》しつけ、「みな、これを『おいしい』とか、『いい』とか思わなければ、おかしいのだ」というような考えを持ちたがるわけです。

そういう人は、一人商売ならよいとしても、人を雇ってまでする場合には、少々力が足りなくなることが多いのではないかと思います。

ただ、小さくてもそうですが、お店であれ会社であれ、成功するための秘訣《ひけつ》としては、人間に本来備わっている考え方、つまり、自分のほうに取り分を持ってきたいと思うこの自我《じが》の部分を抑《おさ》えて、「ほかの人たちが得をする、利益を得られるには、どうしたらよいか」という考え方をするということです。そのようにならなければいけません。

これは、二宮尊徳《にのみやそんとく》が、「湯船《ゆぶね》のなかのお湯を自分のほうにかき寄せると、向こうのほうに逃《に》げていくけれども、これを向こうのほうへ押すと、自分のほうに返ってくる」と述べていることにも通じますが、商売のコツだと言えるでしょう。

「自分が得よう」と思って行動していると、人もお金も逃げていきます。

そうではなく、自分のことを抑えて、他人様《ひとさま》のことを考えてみるわけです。例えば、「これを食べたらおいしいと思うだろうな」「これを使えば、もっと生活が便利になるだろうな」「こういうサービスを使うようになれば、きっと会社が発展するだろうな」というように、ほかの人のことを考えるようになると、逆に自分のほうへ戻ってくることがあるわけです。これが基本的な経営のスタートなのです。

この発想が切り替《か》えられない人は、個人での職人技《わざ》で生きていくことはできても、人を使って事業を組み立てることは難しいと思います。これには自己変革が必要であり、自分を抑えて他の人に分福《ぶんぷく》をしていくことになるので、そういう考え方を持つのは非常に難しいことなのです。

経営者になっていきたいタイプの人というのは、どちらかといえば偉《えら》くなりたいと思っている人が多いので、自己実現に励《はげ》んでいるし、他人からほめてもらうのはとても好きなことであるでしょう。

ですから、他人からほめられればうれしくなる一方で、くさされたり批判されたりすれば、腹が立って「出ていけ！」と言いたくなることもあるはずです。寿《す》司屋《しや》の主人であれば、「うちの寿司がまずくて食えねえなら、二度と来るな！」という感じで、塩を撒《ま》いて帰らせたいぐらいの気持ちになるかもしれません。しかし、それは商売の王道ではないでしょう。

要するに、もう一段大きくなりたければ、お客様の「クレーム」や「批判」、「悪口」を一つひとつ丁寧《ていねい》に聞かなければいけないわけです。

偉くなりたかったり他人からほめられたくてしかたがないので社長等をしている人もいるかもしれませんが、その方向だけを目指していっても、誰もが持ち上げてくれて楽になるというようなことはあまりありません。他人から叱《しか》られたり文句《もんく》を言われたりしたときに、それを一つひとつ真摯《しんし》に受け止めて解決し、「よりよいサービス」や「商品」等を提供して、ほかの人のためになるように努力をしているうちに大きくなっていき、自分では求めていないのに尊敬を受けるようになるようなことが起きるのです。

これは、一つの「小さな悟《さと》り」だと思います。これができない人は、経営者には永遠になれないでしょう。

経営者の「徳」が「付加価値」を生む

それから、技術的なもので経営ができると思っている人も多いとは思うし、そういう人は、唯物的《ゆいぶつ》に、「商品や物が売れればよい」と思っているかもしれませんが、それだけではないのです。

例えば、その技術を使って、食べ物にしたり、何かのサービスに変えたりするのでしょうが、それを扱《あつか》っている人、つまりお店の暖簾《のれん》や看板を通って出てくる商品やサービスに、「何か」が加わらなければいけないわけです。

その何かとは、ある種の「徳」だと思います。これがなければ、他人様《ひとさま》の評価を受けることはできません。

「あそこのお店は、ほかとサービスが違う」「品《しな》が違う」「仕入れが違う」「良心的である」「人を騙《だま》したりはしない」といった思いがあれば、また行きたくなりますが、「悪い商品をつかまされた」「高く買わされた」と思うと行かなくなるでしょう。

しかし、日がたてばたつほど、「よいものを買った」「よいものを売ってくれた」「本当においしかった」というように思ってもらえれば、あとからだんだん評価が上がってくるものです。

やはり、そうした努力も、ある種の「徳」だと思います。事業をするにも商売をするにも徳が要《い》るわけで、何か徳が出てこなければいけません。

その徳の部分をつくるものは、もちろん、日ごろからの心掛《こころが》けであり、修練です。

もう一つは、「お客さんが直接見ていないところで、どのような創意工夫《そういくふう》や努力をしているか」ということがあるでしょう。

例えば、食品関係のところであれば、お店が汚《きたな》いというのは嫌《いや》なものです。やはり、きちんと床掃除《ゆかそうじ》等ができていることは大事な点でしょう。

あるいは、食べ物はおいしそうに見えたとしても、トイレに入ってみると汚くて、もう二度と行きたくないということもあります。

また、コップをよく洗っていない感じがする、ということもあるでしょう。

そうした一つひとつの細《こま》かいところに気配《きくば》りが届いているかどうかということは、大事な点だと思うのです。

例えば、「船場吉兆《せんばきっちょう》」という老舗《しにせ》の料亭《りょうてい》では、客が食べ残した料理を使い回しして出すなどの偽装《ぎそう》がバレました。そういう名門のところで、前の客の食べ残しを別の客に出していたわけです。

そうすることによって材料費が安くなるのは確かでしょうが、それをお客さんが知ったら、絶対に気分が悪いはずです。

これは、お客は気がつかないと思うからやっていたのかもしれません。料理を大量に残す客がいるのも事実なので、仕入れた側からするともったいないことではあるでしょうが、やはり、こうした一連の問題のなかで、良心の呵責《かしゃく》に耐《た》えかねた社員が内部告発したのだろうと思います。

それらのことが記事に載《の》ったとたん、船場吉兆は廃業《はいぎょう》に追い込《こ》まれるような事態になりました。「暖簾《のれん》を守る」というのは、そういうことでしょう。

「前の客の食べ残しを出しているのか」と思うと、やはり、もう食べる気がしなくなります。そういう気分の問題はあるわけです。

したがって、「もったいない」と思っても、それはやってはいけないことだったと思います。

もっとも、生活困窮者《こんきゅうしゃ》向けに安く提供しているようなところであれば、食材で使えるものを再利用することがあっても分からなくはありません。しかし、老舗のようなところでは、そういうことはなかなか許してもらえないでしょう。

そういう意味では、経営者の徳が、ある種の信用として積み重なり、「あそこのものは間違いがない」という感じになってくると、だんだん付加価値もついてくるようになるだろうと思います。

実力相応かどうかを客観視することの大切さ

私も、講演会等を開催《かいさい》していて、怖《こわ》いと感じるところがあります。真剣勝負《しんけんしょうぶ》で臨《のぞ》んではいますが、いつも、怖いと言えば怖いのです。

例えば、参加者の人数が多いときには、大きな声を張り上げて講演をするわけですが、「あの先生、実力不相応に威張《いば》っているな」などと思われていないかといったところは気をつけています。

したがって、「実力相応に話しているかどうか。分《ぶん》不相応なところまで〝誇大《こだい》広告〟を兼《か》ねて言っていないかどうか」ということは、いつも自問自答しています。

それと共に、聴《き》いている人の顔をじっと見ながら話をするようにしています。聴衆《ちょうしゅう》が「こいつはホラを吹《ふ》いているな」という目で見ていないか。「本当のことを言っている」と思っているか。どのような顔をして見ているか。いつも人々の表情をじっと見ながら話し、内容が実力に相応しているかどうかという反応を感じることはあるわけです。

そういうところから外れていると、いつの間にか不満が溜《た》まってきたり、いろいろなところで愚痴《ぐち》の部分が周りに漏《も》れていったりして悪い評判になるでしょうから、実力の範囲内でできているかどうかということは、いつも気にしています。

経営が黒字であることは「美徳」

いずれにせよ、経営というものは、「赤字か」「黒字か」「トントンか」ぐらいしかないわけです。

こういうものは、宗教そのものとは基本的に関係がないように聞こえるかもしれません。ただ、小さなお店であろうと小さな会社であろうと、黒字というのは、売上から経費を引いてプラスが出ている状態を表すものです。プラスが出ているということは、「社業がまだまだ発展する余地はある」ということを示していま す。人を雇えるかもしれませんし、新規の事柄《ことがら》に挑戦《ちょうせん》できる可能性もあるでしょう。すなわち、「将来的に大きくなる可能性がある」ということです。

一方、赤字であるということは、「潰《つぶ》れるかもしれない」ということを意味します。あるいは、「事業を縮小していかなければならない」ということを示しているかもしれません。また、従業員に辞《や》めてもらったり、子供の進学等を諦《あきら》めてもらったりしなければいけなくなる場合もあるでしょう。さらには、親戚《しんせき》一同にお金を借りに回って断られ、仲が悪くなるかもしれません。

そういう意味で、「小さなお店や会社であったとしても、黒字であるということは美徳なのだ」ということです。

大きな会社のなかに身を置いている人であれば、部あるいは課といったセクションに所属していることでしょうが、そういう小さなところでも、それなりに創意工夫して黒字体質になるということは、自分がしっかり働いていることの証《あかし》だと思います。

さらには、将来があるということの証でもあるでしょうし、他の人の喜びでもあるでしょう。そして、会社が発展するための礎《いしずえ》にもなることだと思うのです。

4　赤字にしないための心構え

「黒字をつくることの小さな喜び」を知るべき人々

この話を政府のレベルまで大きくすれば、財政赤字がどんどん膨《ふく》らんでいるというのも、まことに不思議なことです。一千兆円以上もの財政赤字があるということについては、今までいったいどういうことをしてきたのか、やはり不思議でしかたがありません。これは、本当に経営を知らない人たち、あるいは責任を感じない人たちがやってきたことであるのがよく分かります。

これを避《さ》けるために分権制をしたほうがよいと考え、地方分権や、あるいは地域主権、道州制など、さまざまな意見も出ていますし、それでよくなることもあるのかもしれません。ただ、すべてが、これほどどっぷりと赤字体質に浸《つ》かっているなかで、それでよくなるかといえば、結局、役所と役人の振《ふ》り分けのみになって、次の行き場をつくっているだけなのかもしれないのです。

これは、例えば、一社で大きな店をやっていたところが、「今の店が赤字だから、ほかのところにも店を出すか」ということで、新たに店をたくさん出し、そこに店長を置いて、「ここなら客が来るかもしれない」などというのとよく似たかたちかもしれません。しかし、それでは、おそらく、実際にはうまくいかないでしょう。

公務員の経営感覚というのはそういうものだろうとは思いますが、非常に残念な感じがします。それは、「黒字をつくることの小さな喜び」を知らない人々なのではないかと考えます。

役所を増やすということで一つの例を挙げると、「消費者庁の一部を徳島県に移す」といったことを聞くと、大丈夫《だいじょうぶ》なのだろうかと思います。徳島県に移すぐらいであればやめたほうがよいのではないでしょうか。徳島県にいて、全国の商品の状況《じょうきょう》など分かるわけがありません。どうしたら分かるのでしょうか。「出張して聞いて回れ」とでも言うのでしょうか。

あるいは、「文化庁を京都に移す」という話も進んでいます。

こちらはまだ分かるのですが、それにしても、要《い》らないのではありませんか。京都は京都でやっているのではないでしょうか。

京都には、市もあれば府もあって、京都にある数々の文化財の保護などを行《おこな》っているはずですが、文化庁が京都に移ってきて、いったい何をするつもりなので

徳島阿波《あわ》おどり空港のロビーに掲げられた、消費者庁の徳島移転に絡む拠点開設を歓迎する大型の懸垂幕《けんすいまく》（徳島県松茂町《まつしげちょう》）。

しょうか。さらに上乗《うわの》せして、何をするのですか。予算を引っ張ってくる仕事でしょうか。

そのようなわけで、例えば、地域振興《しんこう》のための改革を言っているように見えても、やはり心配なところはあるのです。

学習塾《じゅく》の経営に失敗した事例について考える

先ほども述べた、私の兄が郷里の徳島で学習塾《じゅく》を経営していたときに、生徒の募集《ぼしゅう》に際し、兄は、「徳島市内だけではなかなか生徒が集まらないけれども、鳴門《なると》市内だったら、まだ塾があまりないから、もっと生徒が集まるんじゃないか。だから、鳴門にも塾を出したい」などと言っていたのです。

私は、「その分、先生を余計に雇《やと》うの?」と訊《き》いたのですが、「いや、バスで三十分ぐらいあれば鳴門まで行けるから、交替《こうたい》で行けばいい」などと言うのです。

「うーん……、徳島市内では生徒が来なくても、鳴門なら来る？　まあ、あまり考えられないなあ」と首をかしげる私に、なおも兄は、「潰《つぶ》れる前に、やっぱり、攻《せ》めてみなければ分からない。〝魚〟は、そちらにはいるかもしれない」と言うので、「どうせ潰れるのなら、そのほうが早く潰れるから、それでもいいかもね」という感じで冷たい反応をした覚えがあります。

結局、鳴門にも塾を開いて、確かに、少しは生徒が集まったものの、新たに講師を雇ったり事務員を置いたりしなければならなくなり、塾長自《みずか》らの仕事も増えたので、やはり、けっこう厳しかったように見えました。

ただ、最初の計算は間違《まちが》っていたわけではなく、徳島県における学生数当たりの塾の数は首都圏《しゅとけん》並みであり、ほぼ日本一なのです。要するに、「潜在《せんざい》ニーズがあった」というところは合っていたのです。ただ、生徒が自分のところへ来なかったというだけです。その後に開いた他の塾には生徒が大勢集まっていたのを見れば分かります。

これは残念なことではありましたが、やはり、サービスを提供する考え方に何か問題があったのではないかと思います。「徳島で京阪神《けいはんしん》レベルのものを」というようなところに、何がしかの〝優《やさ》しさ〟はあったのでしょうし、それ自体はよかったのかもしれません。

しかし、残念ながら、一つには、「ソフトウォー」の勉強が足りなかったのではないかと言うことができます。もう一つは、塾では英・数が主力であり、そこをきちんと教えられなければなかなか成り立たないところがあるのですが、この点についても十分ではなかったと言えるかもしれません。

そのように、この世においては「成功」も「失敗」もけっこうあります。どちらかといえば、失敗のほうが多いかもしれませんが、そうしたものを見ることでも、今後の参考になるし、勉強になることもあるので、よくよく見ておかなければ

企業を「黒字化」させる智慧と自己研鑽《けんさん》

「自らに厳しくあれ。脇を引きしめよ。無駄な経費は削れ。しかし、それでも、会社は生き残れまい。（中略）逆風下でも前進するヨットのように一筋の『商機』に『勝機』を見出し、高付加価値企業を練り上げることだ」（「あとがき」より）

「幸福の科学的経営論」として、マネジメントの17ポイントを公開。社長自らが成長していく道を徹底的に追究した一冊。

『社長学入門』（幸福の科学出版刊）

「『挑戦』『忍耐』『精進』のたえざる繰り返しが『経営』である。景気にかかわらず、常に『逆境』はある。しかし、トップの誇りもそこにある」（「まえがき」より）

「ソフトウォーの時代」を生き残るためには、とにかく新しい価値を発見し、創造すること。そのための異次元発想法と、自己研鑽《けんさん》の指針を数多く示している。また、経営者が家庭問題を乗り越えるためのヒントも必見。

『経営とは、実に厳しいもの。』（幸福の科学出版刊）

「『大きな政府は必ず財政赤字を目指す。』というのは真理である。在野のプロの経営者たちが、公人としての自覚を高めつつ、『黒字体質』に切り換える『決断力』が、今、求められている」（「あとがき」より）

政府による「増税」やマスコミによる「ブラック企業批判」などに怯《ひる》むことなく、黒字企業として発展していくための心得と情報戦略とは。赤字から脱出するために必要な「経営体質の改善法」が明らかに。

『経営戦略の転換点』（幸福の科学出版刊）

ばならないでしょう。

世間《せけん》は、見ていないようで、とてもよく見ている

昔の友達に会ったときに聞いた話ですが、「ほかの友達はどうなっているのか」と訊くと、公務員をやっていたある人などは、公務員を辞《や》めて独立後、何かの事業を始めたものの、結局、倒産《とうさん》して夜逃《よに》げし、今は行方《ゆくえ》不明だということでした。

そうした話を聞くにつけても、「役人も多少はリストラしてほしい」と思うところもあるのですが、辞めたあとにそういう道が待っているのかと思うと、それも厳しいことだなと感じました。

実は、役所には、〝不況対策〟あるいは〝失業対策〟という面で大勢の人を抱《かか》えているところもあるのです。確かに、収入がまったくのゼロになるよりはそのほうがよいという考えもあるのでしょう。やはり、事業に成功するというのはな

かなか難しいことであると思います。

要するに、「だてに成功することはないのだ」ということです。ただでは成功しないので、一定の実力がつくまでは、やはり、それなりの努力をしなければいけないということを、本当につくづく感じました。

どうか、「自分中心になって発信をしていないか」「いつも自分の得になるようなことばかりを考えたりしていないか」「目に見えないところで陰徳《いんとく》を積むようなことを何かしているかどうか」といったところを、よく考えてみてください。

人は、見ていないようで、よく見ています。短期にだけでなく、長期にじっと見ている人がいるのです。そういう人は、五年、十年と見続けているのです。今はまだ強力なパートナーや協力者になっていなかったとしても、いずれは協力者になるような人が遠巻きに見ていることはあります。そういう人たちは、信用が溜《た》まっていくのを見ているのです。

したがって、そのような面も意識しなければいけません。短期的な成功だけを求めてはいけないところがあることは、知っておいてください。

「成功波動《はどう》」と「投機波動」の違《ちが》いを知る

また、「人格の匂《にお》い」というものもあるでしょう。その人から出ている「成功波動《はどう》」のようなものに、周りの人は影響《えいきょう》されるようになるのです。

ただし、「成功波動」と「投機波動」には少々違《ちが》うものがあります。博打《ばくち》で勝つようなかたちの投機波動での成功というのは、やはり、何か〝危険なもの〟が少なからず漂《ただよ》っていると思うのです。

事業経営者は、「ちょっとうまい話がある」というような投機話に騙《だま》されることが多くあります。「ここの土地を買っておけば、倍に上がる」「このマンションは、やがて値打ちが出る」「ここに鉄道が走れば、こういうことになる」といった類《たぐい》の話があれこれ来ることでしょうし、事業が苦しくなると、どうしても、そういうものに引っ張られそうになることもあるとは思います。

原則としては、当面の運転資金等の必要な資金のところに手をつけることなく、自分が自由になるお金というか、余剰《よじょう》資金のうちの三分の一ぐらいまでであれば、そういう多少面白《おもしろ》みのあるような話に乗ることも可能ではあります。ただ、すべてを注《つ》ぎ込《こ》んではいけないのです。ましてや、毎月の家賃や仕入れ代、あるいは人件費など、払《はら》わなければいけない運転資金のほうを使ってまで、そういう投機に手を出しては絶対にいけません。このことは言っておかなければならないところでしょう。

投機的なものをしたほうがよい場合もありますが、それでも、やはり、どのくらいまでならよいかという見切りは必要なのです。

「自分の店に客が来ない」理由を発見するには

さらに、「今、お客が来ないのは店が小さいからだ。レンタルで安い店を借りているから、お客が来ないんだ。やはり、駅前の大きなところにポンと店を出したほうがお客は大勢来るはずだ」といった考え方のなかには、自分自身の自惚《うぬぼ》れがあることもあるので、それをよく知らなければなりません。

もし本当によいものであれば、多少、場所の悪いところでやっていたとしても人は集まってきますし、宣伝を打てなかったとしても、口コミだけでも集まってくるものです。塾系統などは、口コミであっても集まってくるのです。

幸福の科学も、一九九一年ごろに教団の状況が厳しかったときもありましたが、それは、職員が駅前の一等地に大きな支部を構えたがるような傾向《けいこう》があったこととも無関係ではないでしょう。当時から、当会の職員には大会社から来た人も多かったため、そういう気持ちもあったのだろうと思います。

しかし、〝いい場所〟に出したからといって、飛び込みで信者になる人がたくさん入ってくるはずはないのです。そういう人がスズメのように飛び込んでくるわけではないので、やはり、そういうものではなかったということです。

宗教というものは、山寺もあれば、いろいろと不便なところにもありますが、やはり、内部でのさまざまな人間関係、口コミ等によって、そこに人は来るのです。

幸福の科学を例にとれば、支部に人があまり来ないところがあるならば、それは、口コミで〝マイナスの情報〟が働いていると考えたほうがよいわけです。「どうして来ないんだよ！　信仰心《しんこうしん》がない！」などといくら怒《おこ》っても、怒れば怒るほど来なくなります。

信者は、支部があることは分かっている。そこで何かをしていることも分かっている。しかし、それでも来ないのです。

そういうときに、来ない人々を「信仰心がない！」と叱《しか》り倒《たお》しても、それは何かが違うのです。来ないには来ないなりの理由が、やはりあるわけです。そのことについて考えなければいけません。

例えば、「うちの寿司《すし》は日本一だ！」といくら威張《いば》ったところで、お客が来ないような場合、別に客が悪いというわけではないのです。日本人は寿司を食べ慣れているので、おいしい店であれば、お客は来るのです。ちゃんと来ます。しかし、自分の店には来ないというのであれば、それは、自分が威張っているだけで、周りはそれを認めていないということなのです。そこを考えなければなりません。

まだ腕《うで》もなく、経験もなく、客あしらいも十分にできていないにもかかわらず、「大間《おおま》マグロを一本一千数百万円で仕入れた。これだけの材料を仕入れたんだから、うまいに違いない！」と言っても、お客がそれだけ来てくれないのであれば大赤字になり、下手《へた》をすれば潰れてしまいます。「材料は最高！　日本最高の材料でやっているのに、どうして客は来ないんだ。来ないほうが悪い！」とこぼしても、来ないものは来ないのです。超《ちょう》一流のお店までいけば一千万円台の大間マグロを仕入れたりするようになるのかもしれませんが、そこまでの道のりがあるはずです。

それは、寿司屋にせよ、その他の飲食店にせよ、やはり、ある程度成功してお客様の評判を取りつつ、技術的にも上がっていくような基本的な過程を踏《ふ》まえてこそ、そういうものを仕入れるだけの値打ちもだんだん出てくるのではないでしょうか。そして、特上のマグロの寿司を出せるだけのいいお店になっていくのではないでしょうか。そうすれば、それなりの改築も要るようになるかもしれませんし、客筋《すじ》もよくなってきて、高いお寿司であっても食べてくれるようになるでしょう。

私は、銀座《ぎんざ》で昔、寿司を食べたというほどではないのですが、「お昼時《ひるどき》は安い」と聞いて、行ってみたことはあります。

そこでは、それこそ、「こんなに〝小さなもの〟は見たことがない」というような握《にぎ》り寿司が、小さな木の板の上に、点、点、点、点と載《の》っていたのです。「何だか、えらく小さいなあ」と思って食べたのですが、領収書を見ると「一人前一万円」となっていたので、「えっ、昼から一万円も取るんだ。しかも、こんなに小さい寿司で。これは何だろう」と驚《おどろ》きました。

それだけでなく、「おいしい」と感じなかったのです。酢《す》が効いているはずなのに生臭《なまぐさ》い感じがして、食べたあとも一時間ぐらいは口のなかに生臭さが残ったので、二度とその店には行きませんでした。

ただ、それを「おいしい」と感じる人もいるのかもしれないので、あまり言いすぎてもいけないとは思いますが、「寿司を食べて生臭い感じが残るようなのはどうかな」と思いますし、「内容のわりに高いなあ」という感じがしたら、やはり、もう行かなくなるものです。

お店の人は、「板の上に並べたもので一万円。そのくらいの値打ちは当然ある！」と思っているのかもしれませんが、それを当然とは思わない客もいるわけであり、そういう人は店に来なくなります。

このようなことは、幸福の科学の支部等でも起きているかもしれません。職員は当然と思っていることでも、信者のなかにはそうは思わない人もいるかもしれないということは、やはり、考えなければいけません。

例えば、祈《き》願祭《がんさい》のときに、大勢の人が参加するところもあれば、それほど来ないところもあるはずです。なぜ、来るところと来ないところがあるのでしょうか。職員はこれをよく考えてみてください。先ほどのお店の話を参考にしながら、「なぜ、信者が来たり来なかったりするのかをよく考えてみましょう」と言っておきたいのです。

幾《いく》つかの事例を挙げましたが、潰れていくところや赤字が出るところなどは、だいたい、今述べたような考え方をしていることが多いというところは知っておいてください。簡単なことなのですが、それらのことは「反省行《ぎょう》」に入るための基本でもあるのです。

経営者として成功していくタイプに共通する「感謝の心」

また、「感謝」ということも、学校教育ではなかなか出てこないので、教えられなければ分からないかもしれません。やはり、感謝の気持ちや自分の足らざるところを反省する気持ちなども大事なのです。

成功して運がよい人、成功していく人を見ると、だいたい、自分の努力したことは小さく見て、他人様《ひとさま》から受けた恩や協力などは大きく見るような傾向を持ったタイプの人が多いのです。

そういう人は、「自分がやったのはささやかなことで、誰《だれ》でもやっているような当たり前のことだ。その当たり前のことを、当たり前にやっているだけだ」というように思っています。ところが、ほかの人からは、普通《ふつう》よりもはるかに努力して頑張《がんば》っているように見えているのです。そして、ほかの人が協力してくれたことや応援《おうえん》してくれたりほめてくれたりしたことなどは、たとえほんのちょっとしたことであっても、「本当にありがたい」と思う気持ちが強くあります。このタイプの人は、だいたい、経営者として成功していく傾向が強いのです。

しかし、ちょっと小金《こがね》が貯《た》まってくると、天狗《てんぐ》になって自慢《じまん》する傾向が出てくるのも経営者という〝種族〟です。そもそも、人に使われるのが嫌《きら》いで経営者になったという人が多いので、やはり、このあたりは気をつけなければいけません。

実力が認められれば認められるほど、偉《えら》くなればなるほど、あるいは会社が大きくなればなるほど、腰《こし》が低くなっていくことです。自分の実力をよく知り、厳しく見つめながら、足らざるところを補っていく努力、あるいは自分の仕事に関係する研究を積み重ねていく努力を続けていくことが大事です。そのような姿勢は、言葉に表さなくとも人に伝わっていくということは、知っておいたほうがよいでしょう。

本章では、ささやかではありますが、小さな規模での経営の話ということを中心に述べました。

第2章　ポイント

●本業の仕事そのものが黒字であり続けることが、家族を守り、人生を設計していく上では大きなことなのだ。

●事業を始める際は、「ローコスト経営」を心掛《こころが》け、収入だけが起きるスタイルを目指せ。

●事業を成功させるには、自分に取り分を持ってきたいと思う自我《じが》の部分を抑《おさ》えて、ほかの人の利益を考える発想の切り替《か》えが必要だ。

● 他人様《ひとさま》の評価を受けるには、経営者の「徳」が必要だ。「あそこの商品は間違《まちが》いがない」という感じになると付加価値がついてくる。

● 黒字であるということは美徳なのだ。

● 本当によいものであれば、口コミだけでも集まってくる。お客が来ないには、来ないなりの理由があるのだ。

● 成功していく人には、自分が努力したことは小さく見て、他人様から受けた恩や協力などは大きく見る人が多い。

第3章　経営と人望力について

――リーダーの「率《ひき》いる力」は何から生まれるか――

二〇一七年四月十三日　説法《せっぽう》

東京都・幸福の科学総合本部にて

1　リーダーの条件の一つである「人望力」

「人望力」に関し、古典に依拠《いきょ》するのではなく、現代的な話をしたい

本章には、「経営と人望力について」という題を付けました。

話としては、「人望力」だけで独立していてもよいとは思うのですが、「人望」について話をすると、どうしてもリーダーの条件のなかに入るものが多いので、経営と併《あわ》せて話をしたほうがよいのではないかと考えました。

焦点《しょうてん》は「人望力」のほうにあるのですが、これは、実に話しにくい内容なのです。非常に大事なことなのですが、内容としては難しいのです。

類書はあることはあるのですが、古典に依拠《いきょ》しているものがほとんどです。中

国の古代の国王や将軍など、そうした英雄《えいゆう》に関する話に依拠して書かれたものは多いのですが、それだと歴史の話になり、「現代だったら、どうなるのか」という部分に、なかなか行き着かないところがあります。

それを知識として持つことはよいのですが、「現在ただいま使えるかどうか」ということになると、「やや厳しいかな」という気はしています。

そのため、昔の歴史をなぞるようなかたちの話はあまりしないことにし、〝現代的な感じ〟で話ができればと思っています。

西洋の「科学的経営論」と東洋の「人間学」とをミックスして考える

経営そのものは、何らかの組織をつくり、大勢の人が、そこで生業《なりわい》を立て、社会に貢献《こうけん》しながら、特定の目的の下《もと》に、その仕事を押《お》し広げていくことかと思います。

ただ、会社でもそれ以外でも、仕事を押し広げていくときには、トップリーダーは当然そうですが、それぞれの部門のリーダーも含《ふく》め、そういう人たちの持っているさまざまな能力が問題とされるわけです。

もちろん、現代では、経営学でもかなり分析《ぶんせき》的に考えることが多いので、「西洋型の経営学」では、今、どちらかといえば、数字を使って分析したものが主流になっていて、数字分析ができなければ経営学にならないというか、主流ではないというのが普通《ふつう》かと思います。

別の言葉で言うと、それも、「科学的経営論」ということになるのだろうと思います。

一方、「東洋の経営論」には、どちらかというと、数字分析ではなく、リーダーの「徳」や「人柄《ひとがら》」、「ものの考え方」など、「人間学」のほうに入っていく傾《けい》向《こう》はあると思うのです。これは、東洋における学問の伝統の一つではあろうかと考えています。

本章の話は、それらをミックスしたものになるかと思いますが、まずは、「人望」のところを解剖《かいぼう》してみたいと思います。

2　どのような人に「人望力」が生まれてくるのか

「人望がない」と言われた人は出世できない

特に日本においては、山本七平《やまもとしちへい》なども言っていることですが、会社にいても、ほかのところにいても、「『あいつには人望がない』と言われたら、もう、だいたい最後だ」と言われているのです。

これは、ある意味では当たっています。ただ、「何をもって、それを言うか」というと、そう明確に答えられるわけではありません。

会社でも、あるいは、官庁など会社以外の組織でも結構ですが、「彼には人望がない」と、いろいろな人から言われ始めると、トップリーダーとしては、かなり厳しい〝駄目《だめ》出し〟をされたことになります。

また、トップリーダーではなく、部長なりセクションのチーフであっても、部下からそう言われると、言葉を換《か》えれば、「人間ではない」と言われているようにも聞こえるのです。

「人望がない」と言われた段階で、「出世の可能性はない」と言われたか、「村《むら》八分《はちぶ》になる」と言われたのとほぼ同じです。これは、日本的にはかなり厳しい言葉なのです。

「彼をどうしたらよいでしょうか。そろそろ昇格《しょうかく》でしょうか」と訊《き》いたときに、一言《ひとこと》、「人望がないからね」と言われると、これで片付けられてしまうわけです。

人事局も、いろいろと〝科学的な分析《ぶんせき》〟はしているのだろうと思いますが、その一方で、「この人は人望がある？　ない？　ない。ああ、そう。じゃあ、ヒラのままでよい」とか、「人望がある？　じゃあ、昇格させよう」とか、そういう会話をしているのではないでしょうか。

そして、ある人が、チーフならチーフ、部長なら部長に上がっていき、それでまだ「人望がある」ということなら、「もう少し上げなくてはいけないかな」ということになるのかもしれません。

ところが、局長に上げたとたん、何か釣《つ》り合わなくなって、「あれ？　人望がない。周りが見放した」と言われたり、理事になったら、「なぜ、あの人が理事なの？」と言われ始めたりし、そういう声がだんだん強くなってくると、その人をどこかで外さなくてはいけなくなってくることがあるのです。

それを言っている人たちも、その意味を明確に説明できるわけではありません。しかし、明確には説明できなくても、投票型民主主義と同じで、「自分が政治を行えるわけではないけれども、投票で人を選べる」という感じでしょうか。

小さく言えば、学校の学級委員を投票で選ぶときにも、もちろん、その投票で選ばれるには人望が必要なのだと思います。

ここのところは、日本でも、あるいは東洋でも、ある程度当たると思うので、（人望は）キーワードに近いかと思います。

リーダーはチームの「総合的な力」を上げていかなくてはならない

実際には、これは欧米《おうべい》でも関係があります。

以前にも扱《あつか》ったことがありますが、ハーバード大学が、解雇《かいこ》された人を数千人調べたところ、六十数パーセントは「人間関係」で失敗していました。つまり、全体の三分の二です。

そういうことであれば、「（東洋と西洋では）ものの見方は違《ちが》うけれども、結論的には、同じようなところを見ているのではないか」と思うのです。

経営者なりリーダーなりは、自分一人で仕事をしているわけではありません。

もちろん、「他の人よりもよく仕事をし、結果を出していかなくてはならない」ということは、そのとおりではあるのですが、その人が率《ひき》いている人たちの「総合的な力」が上がってこなければいけないわけです。

「総合的な力」を上げていくためにはどうすればよいかというと、やはり、人間関係のバランスを取りながら、適材適所をよく考えて、各人の力を引き出し、全体として調和させ、成果に結びつけていくような仕事をしなければいけません。

例えば、映画をつくる際には、それぞれ担当があり、道具係や撮影《さつえい》係、衣装《いしょう》係、音響《おんきょう》係など、いろいろな専門に分かれているのですが、それらを全体的にまとめていく、「監督《かんとく》の力」のようなものもあると思うのです。

この力のなかには、「知識」や「技術」、「経験」も当然ありますが、それだけではないものもあります。監督なら監督を慕《した》い、「ついていこう」という気持ちがあると、それで引きつけられ、結びつけられていくところがあるわけです。

映画の監督であれば、数十人か数百人かのチームを率いて仕事をしているので、個人の力、見識だけではなく、チームのトータルの力で、成果というか、結果としての作品をつくらなければいけません。

「映画を観《み》て、そのよし悪《あ》しが分かる」という意味では、映画評論家も存在するわけですが、映画評論家に監督ができるかというと、できるわけではないのです。なぜかというと、映画は自分一人でつくるわけではないからです。

自分が、「こうだ。ああだ」と言って〝講釈《こうしゃく》〟をすることも、監督の仕事としてはあるのですが、それだけではなく、やはり、大勢の人を束《たば》ね、引っ張っていかなくてはなりません。「この方向がよい」と全員に信じさせ、その方向に持っていき、結果的に、作品として仕上げるわけです。

それで成果が悪ければ、メンバーたちの心が少しずつ離《はな》れていくことはありません。

会社の経営者であれば、赤字があまりにも出続けるようだと、もちろん、社員はついていきません。赤字でも、まだ、リカバリーショットを打って回復できるぐらいであれば、次のチャンスに賭《か》けることはあると思うのですが、もう回復不可能なところまで行くと、だいたい、責任を取らされることになります。そういうことがあるわけです。

「本能」や「やりたいこと」の調整によって「人望力」が生まれてくる

そういうわけで、「人望力」のところは極《きわ》めて難しいのですが、「相対《あい》立する性質を併《あわ》せ持っているような人」のところに生まれてくることが多いと言えます。これは「徳」とも重なるのですが、違う言葉で言うとすれば、次のようになります。

人間には、それぞれ「本能」というものがあり、その本能に基《もと》づいて、「やりたいこと」があります。

リーダーや経営者など、大勢の人の先頭に立つ人だと、もともと人一倍、そういう欲望が強いものです。エネルギー量が多いので、おそらく、本能の面では強いものがあるだろうと思うのです。

例えば、犬を散歩させる場合、小さい犬なら楽ですが、セント・バーナードやシェパードを連れて散歩をすると、なかなかおとなしくはしてくれないので、グイグイ引っ張られます。子供が綱《つな》を持っていると、引き倒《たお》されることもありますし、大人であっても、女性だと、なかなか抑《おさ》え切れないこともあります。

本能には、そういうところがあります。「どんどん前に行きたい。グイグイ引っ張っていきたい」というような能力自体は、上に立つ人が持っている潜在《せんざい》的なパワーそのものではあるのです。

ただ、この潜在的なエネルギー量としての「パワー」と、「人望」が出てくるものとでは、若干《じゃっかん》、違うところがあります。

もう少し公式的に言うとすると、「本能」と「公的なもののために自分を合わせていこうとする力」とが、実際上、ぶつかることがあるわけです。

「このコントロール、調整をどのようにしているか」というところ、このあたりの技《わざ》、工夫《くふう》によって、「人望力」が生まれてくるように見えてしかたがないのです。

3 「信用」と「人望力」

「称賛《しょうさん》される稼《かせ》ぎ方」と「非難される稼ぎ方」の違《ちが》い

例えば、この世で生きていく上では、人間にとって「お金はないよりは、あったほうがいい」に決まっていますし、「多ければ多いほどいい」という考え方は、当然あります。

お金を手に入れる方法はいろいろありますが、もちろん、〝感心しない〟方法というものもあります。

それは、例えば、犯罪に絡《から》むようなものであり、「手っ取り早くお金を手に入れたければ、銀行強盗《ごうとう》をすればいい」という考えもあるでしょう。また、ひったくりをするとか、覚醒剤《かくせいざい》や麻薬《まやく》類を密売するようなこともあるでしょうし、あるいは、法律的に禁じられているような、さまざまな賭博《とばく》系統や風俗《ふうぞく》系統の仕事等で稼《かせ》ぐこともあるかもしれません。

しかし、その「お金が欲《ほ》しい」という本能を行動に移したときに、同様の結果さえ出ればどの方法でも同じであると言えるかといえば、そうではなく、やはり、どういう手段・方法で、そのお金を手に入れたか、儲《もう》けたかという〝素性《すじょう》の違《ちが》い〟というものはあるのではないでしょうか。「お金に色は付いていない」と言われることもありますが、そうは言っても、「どういうかたちでそのお金を稼ぎ出したか」というところで見られる面はあるわけです。

すなわち、社会的に認められて、公益性の高い仕事で儲けているならば、それに対する称賛《しょうさん》の度合いは上がってくるでしょうし、社会における公益性が低く、社会を害することによって儲けているのであれば、非難は止《や》まないでしょう。

例えば、一九六〇年代から七〇年代は、公害というものが大きな社会的問題になっていたので、「公害企業《きぎょう》」といわれるようなところは、かなり叩《たた》かれていました。

公害の影響《えいきょう》で、背骨がグニャグニャに曲がって変形してしまったような魚が見つかったこともあります。あるいは、人間でも、先天的に四肢《しし》の一部がなかったり短かったりするなど、体に異常のある赤ちゃんが生まれることもありました。そのため、「そんな公害を垂《た》れ流してまで金儲けをしているのか」ということで、ずいぶん批判を受けたのです。

そのような場合、会社としてお金を儲けたにしても、そこで社長をしていたにしても、社会的非難が大きくなって一定の限度を超《こ》えたときには、やはり、責任を取らなければならない事態が起きてきます。それを、「信用」という言葉で言ってもよいかもしれませんが、もし、上の立場にいる人が、本当はそういう害悪が出ていることを知りながらも、「儲かるから、気がつかれるまではこのまま突《つ》っ走れ」という考えの下《もと》、「まだ証明されたわけではないから、いいではないか」とばかりに突っ走っていたということであれば、当然、責任問題は出てくるでしょう。

企業《きぎょう》が社会的に糾弾《きゅうだん》されたとき、どう対処すべきか

今であれば、原発問題によって潰《つぶ》れかける大企業《だいきぎょう》も出てきてはいますが、これも、なかなか難しいものだと思います。

社会的に糾弾《きゅうだん》されているときに、例えば、テレビ局の記者や新聞記者の前で、自分の会社の仕事を擁護《ようご》したところで、かえって開き直ったように見られることもあります。「被害《ひがい》を受けた人たちの気持ちを理解していない」などと言われて怒《おこ》られたりすると、もう何も話せなくなるので、ただただ謝《あやま》り続けるというスタ

イルになるわけです。

ところが、「謝り続けることで許される範囲《はんい》」と、「許されない範囲」というものがあり、許されない範囲になってくると、会社そのものが倒産《とうさん》の危機を迎《むか》えるようになります。そして、倒産の危機を迎えた会社に税金を投入して救おうとすると、今度は政府への非難が集まるわけです。

ですから、このあたりのところは、実に難しいことであると思います。税金を投入する場合、それは雇用《こよう》を守ろうとして行うことではあるのに、ほかのものが許さないというところがあるのです。

一九九〇年代にも、同じようなことがありました。

日本長期信用銀行（長銀）をはじめとする、長期の融資《ゆうし》を専業とする長期信用銀行の三行ともが、法律改正によってその特権が奪《うば》われ、一般《いっぱん》銀行でも同じく債《さい》券《けん》を発行して長期業務ができるようになったとたんに潰れていったのですが、そのときも、税金をもとにした国費を投入して救おうとしたものの、週刊誌の報道一発で潰れたところがあったのです。結局、外資に〝タダ同然〟のお金で買い叩かれてしまい、税金を投入したところが外資の手に渡《わた》るというようなこともありました。

「信用の問題」は「人望の問題」にもなりかねない

違うレベルでの例としては、かつては経営学のテキスト等でもほめられていた、三重《みえ》の「赤福《あかふく》」があります。

お店の宣伝の範囲内では、消費者側は、「つくって即日《そくじつ》に売りさばき、売れ残ったものはすべてその日のうちに回収している」というように理解していたのですが、何年か前に、実はそうではないことが判明しました。

最初は名古屋《なごや》駅ぐらいまでしか売っていなかったものが、だんだんと京都駅や大阪《おおさか》駅等でも売り始めたので、やや〝兵線〟が伸《の》びているなとは思っていたところ、「売れ残りは即日に回収」というのは嘘《うそ》であり、実は、消費期限を変えたり、売れなかった赤福餅《もち》のあんこや餅を使って、〝別の商品〟をつくったりしていたのです。

そうしたことが明るみになってからしばらくは、ダメージが出ていました。みなが忘れてくると経営回復できるのですが、けっこう厳しいダメージはあったようです。

あるいは、第2章でも触《ふ》れたように、「船場吉兆《せんばきっちょう》」のような老舗《しにせ》の料理店で、料理の使い回しが発覚したこともありました。

おそらく、内部告発によるものだと思われますが、大阪方面の支店では、客が手をつけなかったものを使い回して、次の客に出していたのです。「手をつけていないのだから特に問題はない」という言い方もあるのかもしれませんが、客のほうも、他人様《ひとさま》に出したものをもう一度出されたと知れば、やはり、気分は完全に悪くなるでしょう。

結局、最終的には、「吉兆の暖簾《のれん》を守るために、その店を潰す」という、かなり厳しい判断をしました。

ただ、そういうことは、家庭であれば当然のように行われるものでしょう。晩ご飯《はん》に出したおかずを子供が食べ残したとか、夫が酒を飲んで遅《おそ》くまで帰ってこなかったので、翌日にもう一回出したとかいったことは、よくある話ではあります。

しかし、個人レベルの話はともかく、企業等においては「信用の問題」であり、この場合、信用を毀損《きそん》されたということになります。そこからさらに、経営している人の顔や人物が見えてくると、「人望の問題」にもなりかねないところなのです。そういう人をトップに戴《いただ》いているということが、やはり、会社全体の信用にかかわるわけです。

中国の古典には、盗跖《とうせき》という大盗賊《だいとうぞく》が言った話として、「徳の発生源でもある『聖《せい》・勇《ゆう》・義《ぎ》・知《ち》・仁《じん》』といったものは泥棒《どろぼう》にも当てはまるのだ」と屁理屈《へりくつ》を語ったと記《しる》されていますが、確かに、上にいる人がそういう感じで仕事をしていると、その下で働いている人も似たような人たちだろうと思われるでしょう。社長がそうなら、取締役《とりしまりやく》や下の料理人あたりも、同じようなことを考えているのではないかなどと疑われるようになってきます。このあたりは難しいところなのではないでしょうか。

4　経営者が持つべき「相矛盾《あいむじゅん》する能力」

「細部を見る目」と「大局的な目」

結局、経営者であれば経営者の本能というものがあるので、普通《ふつう》は、それに基《もと》づいて考えます。それは、ＪＡＬ《ジャル》の再建をした稲盛和夫《いなもりかずお》氏が言っている「売上最大、経費最小」ということでしょう。簡単に言えば、「売上を最大にして経費を最小にすれば、利益は最大になる」ということです。これが経営者としての本能であると言えば、そのとおりなのです。

そういう考えを徹底《てってい》すれば、誰《だれ》にとってもとても分かりやすいし、一航空機の整備工であっても理解できる経営学ではあるでしょう。

ただ、これが、サービス産業などに適用された場合、どんどんサービスのレベルが落ちていくだけであれば、少々問題になるでしょう。

航空会社にとっては、「航空機の安全」ということが一つのテーマであるにもかかわらず、「あまり厳密に整備をすると経費がかかりすぎるから、一週間に一回ぐらい、しっかりと見ればいいのではないか」とか、「多少の油漏《も》れがあっても、まあ、飛ぶだろう」といった感じで行われると、乗っている人はみな命が懸《か》かっていますから、大変なことになります。それは、航空料金の問題だけではなく、生命保険会社をも揺《ゆ》さぶりかねない問題になってくるので、「そこは手を抜《ぬ》いてもらったら困る」と言いたくなるところはあるでしょう。

機内サービスであれば、ある程度調整するところもあるかとは思いますが、このあたりも、おそらく、「許容できる範囲《はんい》」と「できない範囲」があるのではないでしょうか。

そのように、人は、通常のことにはあまり反応しないのですが、特異なところで反応することはよくあります。そういったところであれば、隅々《すみずみ》にまで目が行き届いていないと、失敗することもあるでしょう。

要するに、相矛盾《あいむじゅん》するものがあるのです。経営者というのは、当然のことながら、大局的な目を持っていなければなりません。しかしながら、それとともに、細《こま》かいところにまで目が届いていなければならないわけです。

例えば、先ほどの航空会社のようなところであれば、パイロットやCA、整備係など、それぞれの担当セクションでのローテーションの問題があります。年末年始などの時期になると、彼らも休みたいはずですが、実際は仕事が多くなってくるでしょう。そのときに、うまくローテーションが組まれているかどうかといった細かいところにまでチェックが及《およ》んでいるというようなことも、必要な部分ではあります。

したがって、大局的に、「乗客の安全を守りましょう！」とだけ言っていれば済むかというと、やはり、それでは済まない部分があるわけです。労働環境《かんきょう》が非常に悪くなるような時期に、現実にきちんとローテーションが組まれているかどうか。工場であれば、納期が来ているときに数合わせをずさんに行《おこな》ったりしていないかどうか。こういう細かいところにまで、目配りをしなければいけません。

ただ、上に立つ人が細かいだけでは、下の人がついてこられないところもあるので、ここに、相矛盾する能力が必要となるわけです。すなわち、細部に目が行きつつも、全体的なところで大局的な判断もしなければならないのです。

経営者に求められる能力には、こういう矛盾するものが含《ふく》まれるので、このあたりが難しいところだと思います。

「寛厳自在《かんげんじざい》」でなければ経営者は務まらない

また、リーダーになる人であれば、当然、「厳しさ」という要素を持っているでしょうが、ただ厳しいだけでは、人はついてきません。政治ではありませんが、やはり、「敵を減らし、味方を増やす」というのも大事なことではあります。厳しいばかりであれば、人はなかなかついてこないのではないでしょうか。

しかし、「甘《あま》い」だけでもいけません。一見、人がついてくるように見えても、長期的には組織全体の能力の低下を招き、結果的に会社が赤字転落や倒産《とうさん》の危機になることもあります。甘い経営、放漫《ほうまん》経営をしていると、たいがいは倒産になるわけです。

厳しい経営をしていて倒産になることはほとんどありません。ただ、厳しい経営をしていると、人の心は離《はな》れていきやすいので、部下などがあまり働いてくれなかったり、目に見えないところで社長に恥《はじ》をかかせようとするような人も出てきたりすることはあります。

そういう意味で、「寛容《かんよう》なところ」と「厳しいところ」との兼《か》ね合わせというのは、実に難しいあんばいではないかと思います。

このような考え方について、松下幸之助《まつしたこうのすけ》氏は、「寛厳自在《かんげんじざい》」という言葉を使っています。「寛容なところと厳しいところとを自在に操《あやつ》らないと、経営者は務まらない」ということでしょう。その両方が必要であるわけです。

これは、学校の先生においてもそうでしょう。「ほめて育てる経営」ということで、一方的にずっとほめているだけならば、生徒の機嫌《きげん》はいいかもしれませんが、実際は実力が伸《の》びていないということもあります。

特に、何かのプロを目指しているような人であれば、かなり厳しく教えてもらわないと、その域に達するのは無理なところがあると思います。

例えば、芸事《げいごと》でもそうでしょう。芸事では、どこのお師匠《ししょう》さんもみな厳しいわけです。やはり、厳しくやらないと、どうしても自分を甘く見てしまって、芸が身につかない面があります。したがって、そういうところは、何とも言えないところがあると思います。

そのように、厳しくしなければなかなかプロにはなれないものですが、厳しいだけでは生徒がどんどん減っていって、誰も来なくなることもあります。そのため、ほめて伸ばすところもあれば、あえて厳しくしなければならないところもあるわけです。

このあたりの「自在さ」というのは、個人の性格が実に反映されやすいところではあるのですが、たとえ本能に反していたとしても、もう一段の努力をして、自分の心を使わなければいけません。

宗教や芸事を極《きわ》めるのに必要な「厳しさ」

ちなみに、「プロの厳しさ」ということで言えば、幸福の科学の総本山《そうほんざん》・日光《にっこう》精舎《しょうじゃ》で使われている「『大死一番経《だいしいちばんきょう》』講義」という説法《せっぽう》がありますが、これは、当会の総合本部で収録したものですが、あらかじめ、「今日はきつい内容なので、いちおう用心してください。質問者はガンガンにやられるかもしれませんが、あまり本気にしてはいけません。しっかりと守りを入れて、自分が本当に頭を割られたと思わないように、用心してください」とアナウンスをして行《おこな》ったものです。

ところが、パカーンと兜割《かぶとわ》りをしたら、本当に〝逝《い》って〟しまった人がいました。やはり、まともに怒《おこ》られるともたないようで、一メートルぐらいの距離《きょり》で怒られると、魂《たましい》が〝すっ飛んでしまう〟ほどの衝撃《しょうげき》を受けたわけです。

最初に、「今日は禅《ぜん》の講義なので、厳しいのはしかたがない」と言ってはいた

のです。「大死一番経」では、「まず死ね　死してこそ生きるのだ」という感じで
パカーッと来るので、これはかなり堪《こた》えると思い、事前に注意していました。しかし、質問者の一人だった当時の出版局の部長は、（他の部署に）〝飛んで〟しまったようです。自分が怒られたと思って、まともに受けてしまい、そのポジションでは〝回復せず〟ということになりました。

　そのように、たいへん〝効き目〟の大きいお経ではあったのです。

　この「『大死一番経』講義」は、禅宗における中興《ちゅうこう》の祖《そ》ともいわれる趙州和尚《じょうしゅうおしょう》という方を指導霊《しどうれい》としてお招きし、禅の真髄《しんずい》をお見せしようとして行ったものですが、こういう講義は一つだけです。これで聴聞者《ちょうもんしゃ》はすっ飛んでしまったので、厳しいものです。禅においては、あのくらいはやられるのでしょう。徹底

趙州和尚（778～897）　中国（唐）の禅僧。幼くして出家し、南泉普願《なんせんふがん》の下《もと》で参禅。80歳から趙州（河北《かほく》省）の観音院《かんのんいん》に住し、40年間、「口唇皮禅《くしんぴぜん》」と称される特異な禅風を広め、120歳で没したとされる。門弟との問答から、後世、「公案」が数多く生まれた。（画：『仏祖正宗道影』より）

的にぶった斬《ぎ》られるなり、叩《たた》き潰《つぶ》されるなりするのだろうと思いました。

やはり、宗教にせよ、芸事にせよ、どの道であっても、専門になると、とても厳しいところはあります。

例えば、幸福の科学のメディア文化事業局の担当参事などは、私と話をするときにはニコニコして穏《おだ》やかそうにしているのですが、芸能人養成部門の人を相手にするときには、急に顔色が変わり、とたんに厳しくなるようです。「君、本当に芸ができるの？　歌を歌えるの？　そんなの駄目《だめ》だよ！　自分がうまいなんて思っているレベルでは通用しないんだよ！　世間《せけん》様が認めるレベルというのは、もっとグーッと難しいんだよ！」というような感じで、ものすごく厳しくしているので、「おおっ！　こんなふうになるんだ」と思いましたが、そのように、仕事上の〝二重人格〟になることがあるのです。

実は、この人との仕事では、昔、私も似たようなことを経験したのを覚えています。

幸福の科学の根本経典《こんぽんきょうてん》『正心法語《しょうしんほうご》』（旧版）を読誦《どくじゅ》した音声でＣＤをつくったときに、外部のスタジオへ行って収録したことがあるのですが、そのときの録音でも、非常に厳しく言われました。先ほどの芸能関係の仕事で見せているような感じになって、「あっ！　駄目、駄目。駄目です。今のは駄目なので、もう一回！」「もう一回！」「もう一回！」「もう一回！」と、何度もやり直しをさせられ、私もだんだん腹が立ってくるような状態だったのです。

そのように、レコーディングになると、普段と違《ちが》って、急に許さなくなってきます。まったく許さないような厳しさが出てくるのです。

やはり、芸事というものには、そのようなところがあるのでしょう。また、宗教においても、雲水《うんすい》等のしつけであれば、人権がないぐらいのレベルまで絞《しぼ》り上げられるところもあるだろうと思います。

そうした「寛容な面」と「厳しい面」の両方があるのですが、これを別々に使い分けると問題が出てきます。やはり、同じ人に対しても、この両面を少しずつ見せなければいけません。そのあたりが難しいところだと思います。

「元の会社の規模や社風が違《ちが》う人をどう見るか」は難しい問題

特に、社員一万人レベルの大きな企業《きぎょう》から来た人の場合、人事判定などは、事実上できていないでしょう。そんなことは、一万人規模になったら無理であって、分かるわけがないのです。

したがって、それぞれの部門が言ってくることを、そのまま信じるしかありません。人事部がそれを通り越《こ》して、「いや、この評価はおかしい。この人はもう少しできるはずだ」とか、「この人は、そんなにできないはずだ」とか言えるようなところまでは見えないので、だいたい、その部門が言ってきたとおりに聞くことになるわけです。そういう意味で、あまり、能力判定ができているとは言えません。

むしろ、大企業型になると、能力があるというよりは、人間関係がうまくいっている人のほうが上がってくる傾向《けいこう》が非常に強いのです。

もっとはっきり言えば、「人事考課をする側である、上にいる人に対する態度が上手な人」が上がってくる傾向があります。要するに、上の人は、その人の自分に対する態度は分かるのですが、「下に対して、どうしているか」、あるいは、「自分がいないところで、どうしているか」ということについては、実は知らないことが多いからです。やはり、このあたりにも難しいところはあるでしょう。

そもそも、大企業の場合は、仕事に専門性があって、各人が「ネジの一本」、あるいは「歯車の一つ」のような感じになってしまいがちです。そのため、会社全体の経営が見えているわけではない人が多く、肩書《かたがき》だけを信じると間違《まちが》いを起こしやすいということはよくあるのです。

つまり、会社の規模相応に考え方は変わるものであって、会社が小さければそれなりにオールマイティー（万能《ばんのう》）になる傾向はあるものの、会社が大きくなってくると、仕事が専門分化して知識や経験が限られたものになるため、必ずしもほかのところに応用できなくなります。また、社風が変われば使えない人も出てくるでしょう。

そのように、「人をどう見るか」というのは、なかなか難しいものだと感じます。

「人望が上がってくる人」とは、どのような人なのか

ただ、そのなかで、「人望が出てくる人」がいます。それは、どのような人でしょうか。

先ほど、リーダーになっていく人には、欲望、あるいは強い本能があると述べました。しかし、そうしたなかに、「私欲」の部分をできるだけ抑制《よくせい》し、「公《おおやけ》の欲」というか、「公の利益」のために、あるいはみなのために、自分の力を使おうとする人が、一部いるのです。

やはり、そういうところは、霊能者でなくても、以心伝心《いしんでんしん》で何となく分かってくるものでしょう。例えば、「この人は厳しく言っているけれども、自分を育ててくれているんだな」とか、「会社の利益の話をしているけれども、単なる守銭奴《しゅせんど》ではないな。『会社が潰れないで生き残っていくために、あるいは従業員みんなが家族を養えるためには、このくらい頑張《がんば》らないといけない』と言おうとしているんだな」とかいうことは分かってきます。

やはり、「本人が怒《いか》りの心のままに言っているのか」、「その言葉の奥《おく》に、『他の人たちを生かそう』という気持ちや、愛の気持ち、利他《りた》の気持ちが入っているのか」という違いは感じるものなのです。

したがって、本来、このくらいはあるだろうと思われる「私欲」の部分を少しでも削《けず》り、「利他の気持ち」に置き換《か》えていく修練を積んでいる人は、次第《しだい》しだいに人望が上がってきます。

逆に、立場が上がってきたときに、利他の気持ちが減ってきて、自分への欲望というか、自己実現欲のほうが拡大しすぎると、だんだんに人の気持ちが離れてくるようなところもあるわけです。

5 「謙虚《けんきょ》さ」が生む人望力

項羽《こうう》と劉邦《りゅうほう》に見る「徳」の違《ちが》い

なお、この問題が難しいのは、人から好かれようが嫌《きら》われようが、とにかく、仕事がよくできて結果を出す人がいることです。

もちろん、結果が出る人には、ついていく人もいるでしょう。ただ、ここが実に難しいところで、「百戦百勝であれば、人はついてくる」という面がある一方で、「その人が私欲のために一生懸命《いっしょうけんめい》やっているという感じであれば、人は離《はな》れていく」ということもあるのです。

例えば、古代中国の項羽《こうう》と劉邦《りゅうほう》の話で言えば、「百戦百勝」の項羽よりも、「百戦して二十勝八十敗」ぐらいの劉邦のほうが、結局、徳があって、最後に残るようなことがあります。

また、劉邦は、負けるときには潔《いさぎよ》く負け、臣下《しんか》の礼をとってみたりしました。それは、項羽と劉邦が同時に秦《しん》を攻《せ》めて滅《ほろ》ぼしたときのことです。「先に関中《かんちゅう》に入ったほうが王となる」という約束があったのに、先に入った劉邦はそうしませんでした。

宮殿に美しい女性がたくさんいたにもかかわらず、手を出していません。財宝も全部封印《ふういん》し、城外で野営をしていました。

つまり、強かった項羽が遅《おく》れてやって来ることを十分に〝計算〟していたからです。「自分が財産や財宝、美女などに手を出していたら、項羽は黙《だま》っているわけがない」と分かっていたので、わざと外で野営をし、中に入らずにいたのです。

ただ、そうは言っても、遅れてきた項羽は当然のように怒《おこ》りまくりました。彼は、一万人は収容できると言われていた阿房宮《あぼうきゅう》にも火をつけ、その後、何カ月も燃え続けたようですが、そのように、人を殺すのも躊躇《ちゅうちょ》しなかった人です。

しかし、劉邦は、項羽に謝《あやま》って謝って臣下の礼をとって生き延びました。そして、やがて、項羽から人心《じんしん》が離れたときに挙兵し、最後は項羽を滅ぼしたのです。

そのように、負けるほうに徳がないかといえば、必ずしもないとは言えません。ここは難しいところでしょう。

『項羽と劉邦の霊言
項羽編―勇気とは何か』(幸福の科学出版刊)

『項羽と劉邦の霊言
劉邦編―天下統一の秘術』(幸福の科学出版刊)

戦《いくさ》が強くても、「共感力」がなければ人はついてこない

例えば、劉邦には、「むやみに人は殺さない」、あるいは、「見逃《みのが》してやる」というようなところがありました。

あるいは、劉邦が関中入りしたときには、今まであった秦の厳しい刑法《けいほう》をみな廃止《はいし》して、「法三章《ほうさんしょう》」というかたちにしてしまったこともあります。それは、「人を殺した場合は死罪。傷害を負わせた場合と盗《ぬす》みをした場合は罰《ばっ》する」というものです。要するに、劉邦は、「人殺しと傷害と盗みは罰するが、この三つ以外については、全部、撤廃《てっぱい》する」というようなことをやったのです。

これには、住民は大喜びしました。「法律はこの三つだけで、あとは何をしても構わない」というのは非常に寛大《かんだい》なので、当然、人気は沸騰《ふっとう》するでしょう。

しかし、そのあとで入ってきた項羽に目茶苦茶《めちゃくちゃ》に殺されたとなったら、項羽に

は人気は出ません。これが、やがて、劉邦に取り返される理由になるわけです。

そういうわけで、「強ければいい。結果として勝利すれば、百パーセント、人は従うのだ」とは、必ずしも言えないところはあります。やはり、適度に人の心をつかむ力がなければ、駄目《だめ》なのです。それは演技だけで済むものではなくて、「実際に、人々の気持ちが分かる」ということでしょう。そうした「共感力」「共感する気持ち」があると、みなも、だいたい、「そういう人なんだな」ということが分かってきて、成功していけるわけです。

隠《かく》せなかった「劉備玄徳《りゅうびげんとく》の人望」

その四百年後の紀元二百年代といえば、「三国志」の時代ですが、例えば、劉《りゅう》備玄徳《びげんとく》軍なども、最初のころは、やはり負けることが多かったと思います。しかし、それでも、大勢の村人たちはついてきました（注。二〇一五年二月十七日、劉備玄徳の霊言《れいげん》が収録された。『徳のリーダーシップとは何か　三国志の英雄《えいゆう》・劉備玄徳は語る』〔幸福の科学出版刊〕参照）。

例えば、曹操《そうそう》に攻められて逃《に》げるときにも、「自分を慕《した》ってくる十万の民《たみ》を見捨てては行けない」ということで、連れていこうとしたために逃げ足が遅《おそ》くなり、そのときには、諸葛孔明《しょかつこうめい》がいても護《まも》れないぐらいの惨憺《さんたん》たる結果となりました。

しかし、劉備が「それでも村人は見捨てられない」という気持ちを持っていたところには、やはり、徳が残っています。

例えば、そのあとの戦いにおいて、敵軍が、「劉備軍と戦うかどうか」という判断をするときに、「この人（劉備）は無茶なことはしない」「この人が『身の安全を保証する』と言った場合は、

劉備玄徳（161 ～ 223）　中国、後漢末期から三国時代の武将、蜀漢《しょくかん》の初代皇帝。黄巾《こうきん》の乱の際、関羽《かんう》・張飛《ちょうひ》らと共に功績をあげる。「三顧《さんこ》の礼」で諸葛亮孔明《しょかつりょうこうめい》を軍師に迎えると、呉《ご》の孫権《そんけん》と結び、赤壁《せきへき》の戦いで魏《ぎ》に大勝。221年、後漢が滅びると成都《せいと》で即位。呉・魏と天下を争った。

本当にそうなるだろう」と思って、城門を開くことがあったのです。

もし、そのときに、敵軍が「城門を開いても、どうせ皆殺《みなごろ》しになるだろう」と思ったら、必死になって抵抗《ていこう》してきたでしょう。そうなると、劉備軍も、ものすごく被害《ひがい》が大きくなります。しかし、「この人は寛大で許してくれる」と思って、城門を開くこともありました。

そのように、劉備軍には、「戦わずして勝つ」という場合もあったのです。

そういう意味で、「人望」というのは、隠《かく》せないというか、けっこう伝わってくるものなのです。

さらに言えば、劉備玄徳は四十七歳《さい》のときに、二十七歳の諸葛孔明を訪ねています。つまり、劉備玄徳は、二十歳差もある若造の青年学者のような人に「三顧《さんこ》の礼」を尽《つ》くしたのですが、諸葛孔明を得て以後、勝ち始めるのです。

ただ、よく負けていたとはいえ、劉備玄徳の名前は全中国に知れ渡《わた》り、鳴り響《ひび》いてはいました。「天下統一を目指している漢室の末裔《まつえい》」ということで、よく知られてはいたのです。

そうした人が、「二十歳も年下の人に、三度も足を運んで、三顧の礼を尽くして教えを乞《こ》う」というスタイルを取ったわけですから、このあたりには、かなりの落差があるでしょう。本来なら、劉備玄徳は、もう少し威張《いば》っていてもよかったのです。

一方、孔明自身はまだ二十七歳であり、勉強だけをしていた風流人《ふうりゅうじん》であったので、実績は全然ありません。そのため、実績を前提とすると、このスカウトには十分な理由がないように思われます。

しかし、劉備は、二十歳年下の人に頭を下げ、「ぜひとも軍師になってくれないか」とお願いして、人材ハンティングをし、「ハンティングした以上はお任せする」という感じでやっているのです。

このようなところに、本能と違《ちが》う部分、要するに、リーダーとして威張りたいとか、人を従わせたいとかいう気持ちと違う部分が出ています。つまり、「自分の『天下を治めたい』という大きな志《こころざし》のためにプラスになるなら、自分を変化させてもよい」といった気持ちが働いているからです。

こういうところに、徳が表れてくるのです。

儲《もう》かったお金のなかから匿名《とくめい》で寄付をしていた安田善次郎《やすだぜんじろう》

また、欧米《おうべい》であれば、会社の利益の一パーセントぐらいを福祉《ふくし》事業に寄付したりするような経営者もよくいます。そういうところで、「徳のある、なし」を見られることもありますが、これは、日本でも同じでしょう。

例えば、幸福の科学のなかでもよく知られている人で、芙蓉《ふよう》グループの元になっていった安田財閥《やすだざいばつ》の安田善次郎《ぜんじろう》という方がいます。

幸福の科学の正心館《しょうしんかん》・精舎《しょうじゃ》で行われている
経営者向けの研修と祈願《きがん》(その一部)

研　修

●『経営黒字化必勝作戦』研修

経営者がなすべき凡事徹底《ぼんじてってい》を確認し、経営を黒字化させるためのマインドと要諦を学ぶ研修。

●『経営者の条件』―松下幸之助霊指導―

経営で行き詰まったときに打つべき“誰にでも可能な”次の一手が明かされる。また、経営理念の重要性や、顧客の心を摑むコストのかからないPR方法等、ユニークなマーケティング理論を学ぶ研修。

祈　願

●『ビジネス発展祈願』

4つの徳目の実践を通じ、ビジネスの成功を誓う。勇気、智慧、精進力を賜《たまわ》り、ビジネスの発展・繁栄の実績を築くことを誓う祈願。

●『経営成功祈願』―強力編―　松下幸之助霊指導

社員一丸となって汗を流し、知恵を絞り、必ずや利益倍増、売上倍増、植福倍増を達成することを誓う祈願。

●『ヤング起業家船出祈願』

ハーブ・エッカー守護霊特別霊指導

愛深き宗教的人格と、智慧に満ちた起業家マインドを両立させた、新時代のエリートに成長することを願う祈願。

彼は、東大の安田講堂なども寄付しているとおり、儲《もう》かったお金のなかからいろいろ寄付をしていたのですが、実は、いつも匿名《とくめい》でしていたので、知られてはいませんでした。

安田善次郎は、いつも、訪ねてきた人にはいちいち会っていたのですが、あるとき、義賊《ぎぞく》のような人が別邸《べってい》に来て、「○○に金を出してくれ」と言われました。安田善次郎は、それを断ったため、「おまえは本当に強欲《ごうよく》なやつだ」ということで、その男に刺《さ》し殺されたのです。

安田善次郎は、フォードや今のビル・ゲイツがやっているように、いろいろな寄付をしていました。ところが、それを知られていなかったので、「強欲な人間だ」と思われて、殺されてしまったわけです。

ともかく、私欲だと思われているものの一部を抑《おさ》えて、他の者のために譲《ゆず》る部分が多少なければいけません。もし、それがないまま成功していくと、人は信用しなくなってくると知っておいたほうがよいでしょう。

「謙虚《けんきょ》さ」を持つ人には、さらなる発展の余地がある

さらに、「謙虚《けんきょ》さ」のところも、非常に大事になります。

もちろん、「凡庸《ぼんよう》なのか、謙虚なのか」については難しい面があり、自分自身に対する要求が高い人であれば、「自分は凡庸だ」と思うこともあるでしょう。

ただ、「傍《はた》から見て、非常に有能で、成績もあげているのに、謙虚な人柄《ひとがら》を持っている」という人は、やはり、それなりの徳が、その隙間《すきま》に発生してくるのです。そして、その徳は、その人がさらに成長していったり、偉《えら》くなっていったりするための余力《よりょく》として残ると思います。

例えば、事業で成功したら、「私が頑張《がんば》ったから成功したんだ」と言い、失敗したら、「これは運が悪かったんだ」と言うのは普通《ふつう》のことかもしれません。と

ところが、松下幸之助《まつしたこうのすけ》氏のように、成功したら、「これは運がよかったんだ」と言い、失敗したら、「努力が足りなかったな。汗《あせ》のかき方が足りなかったんだ」と言う人もいます。そして、それに対しては、誰《だれ》も反論できないところがあるわけです。

これは、単純なようで、そう簡単にできることではありません。やはり、普通は〝外側のせい〟にしたくなるものですし、実際、そういうこともあるでしょう。しかし、そこでもう一段踏《ふ》みとどまって、謙虚でなければいけないと思うのです。

例えば、私たちが宗教の伝道をしていても、なかなか広がり切らない部分はあるかもしれません。それには、「日本という国が、なかなか宗教を認めてくれないからだ」とか、「宗教を蔑視《べっし》しているからだ」とか、あるいは、「宗教に偏見《へんけん》を持つ人が多いからだ」とかいうようなことも言えるとは思うのです。客観的事実としても、そうだろうと思います。

ただ、そう言うことは、すべての宗教に可能なのです。

「キリスト教が日本に上陸してから五百年たつが、どうしても、一パーセント以上、信者数が伸《の》びない。これは、日本人が偏見を持っているからだ」ということだって言えるでしょう。

ただ、キリスト教は西の砂漠《さばく》のほうの地帯で起きた宗教であり、一方の日本には、古来からたくさんの宗教があるわけです。つまり、古来からある日本の宗教との違いの部分を十分に克服《こくふく》できていないところがあるのではないでしょうか。こうしたところを研究すれば、違う展開があるとは思うのです。

キリスト教には、かなり原理主義的なところがあります。そして、どこででも同じやり方で通用させようとして、「言うことをきかなければ、武力でもって制圧する」といったことをやってきた歴史が長いのです。ところが、日本では、昔から、武力を持った武士もいたし、いろいろな種類の信仰《しんこう》がたくさんあったために、征服《せいふく》できないでいるわけです。

ですから、私たちも、同じことを言おうと思えば言えますが、そうしたことは当然として、それでも伸びが足りないのであれば、「まだ人気がないということなのかな」、「努力に足りないところがあるのかな」、「もう少し研究開発をしなければいけない部分があるのかな」と考えるほうが生産的でしょう。そうすることで、実は、さらに広がるだろうと、私としては感じています。

自分自身の欲望を、できるだけ公的なものに振《ふ》り替《か》えていく

最後に、人望力全体について述べておきましょう。

まず、リーダーは、本能に基《もと》づけば、欲望がだんだん増大していく方向になっていくものですが、その欲望を、できるだけ公的なもののほうに振《ふ》り替《か》えていくことです。公《おおやけ》のため、あるいは利他《りた》のための思いに振り分けていって、自分自

身の成長による喜びの部分を、少しずつ抑えていく訓練をしていってください。そういうところに、人望が生まれてくる可能性が高いのではないかと思います。それから、「厳しさと優《やさ》しさ」、「細《こま》かさと大らかさ」を上手に組み合わせていくことが必要です。

幸福の科学の場合でも、支部長や館長など、立場はいろいろありましょうが、おそらく、同じような問題が起きているだろうと思うのです。

ただ、もし支部で何か大きな前進があって成功したときには、「これは総合本部のご指導のおかげです」、あるいは、「天にまします神様のお力によって、こういう素晴《すば》らしい結果を得ました」と言うような支部長がいるところであれば、まだまだ発展の余地があるでしょう。

しかし、「今回は、私の目標設定とプッシュがよかったから成果が出ました」といったことだけを言っていると、そんなに人気は出ないでしょうし、発展の余力も少ないはずです。
そのあたりを、よくよく考えていただきたいと思います。

第3章　ポイント

●「彼には人望がない」と言われ始めたら、リーダーとしては、かなり厳しい〝駄目《だめ》出し〟をされたと思え。

●経営トップの信用は、会社全体の信用にかかわることを自覚せよ。

●「大局的な目」と「細部を見る目」、厳しさと寛容《かんよう》さを併《あわ》せた「寛厳自在《かんげんじざい》さ」など、相矛盾《あいむじゅん》する能力を持たねば、経営者は務まらない。

● 私欲や本能の部分をできるだけ抑制《よくせい》し、「利他《りた》の気持ち」に置き換《か》えていく修練を積んでいる人に人望が出てくる。

● たとえ、仕事で結果を出すことができても、「人々の気持ちが分かる」という「共感力」を持っていなければ、人はついてこないのだ。

● 「大きな志《こころざし》のためなら、自分を変化させてもよい」といった気持ちがあるところに、徳が表れてくる。

● 謙虚《けんきょ》な人には、さらなる発展の余地があると言える。

第4章　経営者に贈《おく》る

――四つの要諦《ようてい》、成功への指針――

二〇〇六年五月八日　説法《せっぽう》
幸福の科学　特別説法堂にて

1　経営者の精神的な重圧は大変なもの

経営者のみなさんは、日夜、大変な苦労をしていることでしょう。まことに苦しい日々を味わっていることと思います。

経営者には、ある意味で〝小さな神様〟のようなところがあり、何でも自分で決められるとともに、何もかも責任を取らなければいけないところがあります。いろいろなことを見通さなくてはならない面があると同時に、その見通しが外れたときには、重い重い責任がかかってくることになります。

その精神的な重圧は大変なもので、本当に、「藁《わら》にもすがりたい」という気持ちがあるだろうと思います。

幸福の科学という宗教には、経営者や経営幹部が数多く集《つど》っています。

それらの人々は、日々の業務のなかで、専門家として努力し、研鑽《けんさん》していることでしょう。

それでも、何らかの精神的な支えが欲《ほ》しくて、仏神《ぶっしん》への祈《いの》りをしてみたくなったり、「不動心が与《あた》えられるのではないか」と思って、幸福の科学の経営者研修に参加したりする方も多いのではないでしょうか。

2　夢の実現とお金の下支え

経営者はロマンチストであれ

本章では、「経営者に贈《おく》る」と題して、私から幾《いく》つかのメッセージを届けることにします。

最初に述べたいことは、「夢の実現とお金の下支えが大事である」ということです。

経営者というものは、やはりロマンチストでなければ駄目《だめ》なのです。他の人に語って聞かせることができるような、何らかのロマン、理想、夢、こういうものを持っていない人は、経営者には向かないのです。

もちろん、これに関しては、すぐ、「現実を知らなければ経営はできない」という反論があるでしょう。そのとおりです。現実処理の能力は、極《きわ》めて高くなければなりません。

しかしながら、現実を処理する能力のみでは、経営者として、その本業を全《まっと》うすることは極めて困難なのです。なぜなら、経営者は、多くの人々の未来を預かっているからです。

何人、何十人、何百人、あるいはそれ以上の人々が、経営者のアイデアや方針、将来性に自分の人生を賭《か》けて、その会社の事業に参画してくるのです。

そのため、その人たちに対して、未来への導きが必要です。

まるで「出《しゅつ》エジプト」のモーセのようですが、「こちらのほうに進もう。みんなでカナンの地を目指そう」という方向づけと、たぐいまれなる指導力が必要とされているのです。

したがって、まず、あなた自身が、「自分は、夢や理想、ロマンを語る能力を持っているか。静かに心の内を見つめたならば、やるべきことがビジュアライズ(視覚化)されて、ありありと見え、人から命令されたり指示されたりしなくとも、やる気がふつふつと込《こ》み上げてくるタイプか」ということを、よく自問自答してください。

自分なりの未来図を描《えが》き、夢を語ることができる人、そして、人から命令されなくとも、〝自家発電〟的にやる気が出る人、そういう人でなければ、経営者には向きません。

その能力がなく、「実務処理のみ、できる」ということであれば、優秀《ゆうしゅう》な会社幹部として働くことも可能なので、「ビジョンを持った人についていき、その人を支える」という仕事に就《つ》くとよいでしょう。

どれほど小さな会社であろうとも、経営者は一国一城《いっこくいちじょう》の主《あるじ》です。必ず、夢を持ち、「夢を実現しよう」という志《こころざし》を持ってください。

夢をキャッシュのかたちで現実化する

その際、同時に、「その夢は現実に下支えされなければならないのだ」ということを、強く強く心に刻《きざ》んでください。

その現実とは、お金のことです。

金銭感覚や財務的なものの考え方に支えられなければ、経営を実践《じっせん》していくことはできません。

事業を維持《いじ》するには、巨額《きょがく》の資金が必要になります。それは、人一人で稼《かせ》げる金額ではありません。

「工場や事務所を持ち、大勢の人を雇《やと》い、給料を払《はら》わなければならない」となると、多くの収入と支出を必ず伴《ともな》います。

そういうキャッシュフロー（現金の流れ）的なものの考え方がきちんとできなければ、その夢の実現はできません。

夢を描くと同時に、夢をキャッシュのかたちできちんと現実化することができる能力、いわば、「事業計画を金銭的な面からも立ち上げて、それを、自分でやってのけるか、あるいは、他の人を使って、やってのけさせる」という能力が必要なのです。

まず、それを知っていただきたいと思います。

3　「財務」と「人事」と「ソフト」から目を離《はな》すな

経営者は会社の最終責任者

次に、二番目として、経営者が決して頭から離《はな》してはいけない仕事について述べます。

前節で、「財務的な考え方」が大事だと述べましたが、「財務」と「人事」と「ソフト」に関しては、決して目を離してはならないし、手を抜《ぬ》いてはなりません。そういうものだと思ってください。

経営者になる前に、技術職や営業職、経理職など、どのような職歴を持っていたとしても、いったん、経営者、社長という立場に立ったならば、「財務」と

「人事」と「ソフト」から目を離すわけにはいかないのです。

もちろん、実務的な下請《したう》け部門として、他の人に、実施《じっし》責任や報告責任、処理責任を負わせることは可能です。

しかし、「経営者に会社の最終責任者としての責任は残るのだ」ということは、どうか忘れないでいただきたいと思います。

努力して財務的な能力を身につける

財務とは、前述したように、「お金の流れ、収入と支出の合わせ方」のことです。

すなわち、「会社が黒字であるかどうか。帳簿《ちょうぼ》の上で黒字であっても、実際の銀行残高、キャッシュの上で、支払《しはら》いのできる残高が続いているかどうか」ということを見たり、収入が足りなければ、それを増やす方法を考え、支出が多すぎるようであれば、経費の節減を図《はか》ったりすることです。

そういう財務的な能力が、経営者には当然必要とされます。

あなたは、得意であると不得意であるとにかかわらず、最終的には、この財務的な能力を努力して身につけなければなりません。何年、何十年かかろうと、そうしなくてはならないのです。

それは社長としての当然の義務です。

会社が小さければ、経理を奥《おく》さん一人だけでやっているレベルもありえましょう。しかし、やがて、「多くの人を使い、仕事を延々と継続《けいぞく》していく」というスタイルになったならば、この財務的な能力を、トップ自《みずか》らがある程度持っていなければいけません。

そして、「わが社は、今、どのような経営状態にあるのか。倒産《とうさん》の危機があるのか。どういう時期に危なくなるのか。それは、どうやって乗り切ればよいのか。

か」などということを常に考えなければいけません。

技術者や営業マンなど、あなたが元はどのような立場にあった人であろうと、社長になった以上、資金繰《ぐ》りの責任は最終的にかかります。

そして、いざというときには、銀行に行って頭を下げなければいけません。そういうトップ外交もしなければならないのです。

また、危急存亡《ききゅうそんぼう》の秋《とき》には、会社の持っている土地や建物などを売り払う必要もあります。あるいは、従業員に辞《や》めてもらわなければならないこともあります。その他の財産を売却《ばいきゃく》して、撤退《てったい》戦をしなければならないこともあります。

いずれにせよ、「財務的な面での最終責任者は自分である」ということを忘れないでいただきたいのです。「経理部長に一任すればよい」というようなもの

『財務的思考とは何か
──経営参謀としての
財務の実践論──』
（幸福の科学出版刊）

ではありません。

人事を通して組織をつくり上げる

さらに、あなたが経営者である以上、絶対に逃《のが》れられないのが「人事の責任」です。

もちろん、人事部長や人事課長、人事研修の責任者などを置くことは可能です。しかしながら、「人材を、どのように採用し、どのように教育するか。どのように抜擢《ばってき》、登用し、配置するか。どのような組織構造をつくり上げるか」ということは、まさに、あなた一人にかかっているのです。

蜂《はち》が延々と材料を運んで蜂の巣をつくるように、あなたは人事を通して組織をつくり上げなければなりません。

あなたの夢や理想を、この世において実現するために、「人事の責任者としての立場がある」のです。

したがって、まず、あなたが考えている事業の構想というものを明確にして、「その事業を実現するために必要な人材は誰《だれ》なのか。誰を抜擢するか。役員や部長、課長など、どの位置に誰を就《つ》けるか。人事を好き嫌《きら》いでやっていないか」、「適材適所となっているか。その人の長所に合わせた使い方になっているか。その人の短所をできるだけミニマイズ（最小化）するような、人の組み合わせができているか。自分が『使いたい』と思う人の長所を生かし切るために、その人の短所を補《おぎな》うような人との上下の組み合わせ、あるいはチームができているか」などということに、常に目を配らなければなりません。

ときには、意表を突《つ》くような抜擢人事や若返り人事、外部からの人材登用も必要でしょう。そのたびに組織のなかでは波風が立つでしょう。

人材の抜擢・登用は、現実には、その成功率が五割を超《こ》えないことが多く、三割か四割しか成功しないのです。その意味では、ギャンブル性を帯《お》びた面もあると言わざるをえません。

あなたが「よかれ」と思った人が、あなたにダメージを与《あた》えて会社を去ることさえあります。

「成功率が五割を超えることは難しいのだ」ということを知っていながら、しかし、それでも、人材の登用は積極的に進めていかなくてはなりません。

そして、「人事の最終責任は、やはり、経営トップである自分にかかってくるのだ」ということを忘れないでいただきたいと思います。

その重さ、つらさに耐《た》えてください。それから、内部の軋轢《あつれき》や批判に耐えてください。そして、実績を残してください。

その人の長所・短所をよくつかんだ上で、その人に対して、「どのように仕事を進めるか」ということについての適切な指導をしてください。また、必要な人に対しては研修を受けさせてください。

そういうことを、方針として打ち出す必要があります。

業務の何を売り物とし、何を顧客《こきゃく》に提供しているのか

「財務」と「人事」について述べましたが、もう一つ、「ソフト」も大事です。

「ソフト」とは、メーカーであれば、もちろん技術のことです。すなわち、自社の製品と商品力です。

流通業であれば、売れ筋《すじ》の商品です。「人気のある商品、未来性のある商品を、開発または購入《こうにゅう》して売る」ということです。

サービス業であれば、よりよきサービスの工夫《くふう》や発明です。

こういう、「業務の何を売り物としているのか」や、「何を顧客《こきゃく》に提供しているのか」という、この観点で、ソフトのことを常に頭から離してはなりません。

「ソフトの開発や選択《せんたく》、流通の責任も、最終的には経営責任者である自分にあるのだ」ということを知ってください。

これも、「いや、開発は技術者がやっていますから」と言って、〝投げる〟わけにはいきません。

「お客様がどんな商品を買うかはセールスマンに任せてあります」「どんなサービスをするかは担当者が決めるでしょう」ということでは済まないのです。

経営者は、神ならぬ身なので、「何もかも知る」ことはできません。しかし、「すべての最終責任は自分にあるのだ」ということを自覚し、「ソフトから目を離さないことも社長業務の一つである」ということを知っておくことが大事なのです。

4　クレーム処理、環境《かんきょう》への変化対応

顧客《こきゃく》が満足を得られないとクレームが生じる

三番目に大事なこととして、「クレーム処理、環境《かんきょう》への変化対応」ということについて述べます。

まず、「クレーム処理」についてです。

会社として、この世に存在するかぎり、必ず顧客《こきゃく》がいます。顧客は、お金を払《はら》う代わりに、「満足」というものを得ているわけですが、その満足が得られないときには、必ず、クレーム、苦情が生じてきます。

「商品が悪い」「技術に欠陥《けっかん》がある」「メンテナンス（保守）が悪い」「客に対す

る応対が悪い」「説明が十分ではない」「値段が高すぎる」「商品の調子がすぐに悪くなる」「有毒性がある」「公害のもとになる」など、さまざまな問題が出てきます。

クレーム処理は極《きわ》めて嫌《いや》な仕事です。できればクレームは聞きたくないでしょう。

社長というものは〝唯我独尊《ゆいがどくそん》〟であり、みな小さな神様や仏様になっているので、周りの人が自分を信仰《しんこう》してくれたり、尊敬し、崇拝《すうはい》してくれたりすることは大好きなのですが、自分を批判する人、自分に苦情を言う人、自分を悪く言う人は「悪人だ」と思いたいところでしょう。

そういう、やや独裁者的な面が社長にはあるものです。

会社の内部では、それでも十分に通用することはあります。しかし、外部のお客様は、それでは決して満足してくれないのです。

一つのクレームの背後には百や千もの声がある

「堂々と苦情を言ってくださる方は、実に正直で、ありがたいお客様だ」と思わなければいけません。

あなたがたを、あるいは、あなたがたの会社や商品を、まだ見捨てていないからこそ、そのお客様はクレーム、苦情を言ってくださり、改善点を指摘《してき》してくださるわけです。

「クレームを言う」ということは、「まだ信頼《しんらい》関係が残っている」「あなたがたの会社の商品を愛する気持ちを持っている」ということなのです。

大多数の人、九割以上の人はクレームさえ言ってくれません。クレームを言わないで、黙《だま》って見捨てるのです。黙って、あなたの会社を見捨てます。黙って、あなたの会社の商品を見捨てます。黙って、あなたの会社の技術を見捨てます。

〝無警告のクビ切り〟です。

そして、どうするでしょうか。「あなたの会社のライバル会社のサービスに乗り換《か》える」わけです。

「競合するものがある」というのは、実に実に厳しいことなのですが、「広い意味で、お客様の自己実現や幸福を達成するためには、複数による競争が必要である」ということが分かるでしょう。

例えば、生徒が学校を自由に替《か》わることができれば、学校側は経営努力をしなければなりません。しかし、生徒が学校を自由に選択《せんたく》することができなければ、学校側は、ほとんど独裁状態であって、どんな悪い授業でも生徒に押《お》しつけるようになります。

塾《じゅく》の場合、生徒は塾を自由に替われます。ある塾が嫌であれば、すぐやめて、ほかの塾に移ることができます。そのため、どの塾も、競争に生き残るには「サービス」と「実績」が必要なのです。

商売というものは何でもそうです。

コンビニでも同じです。ほかの店でいくらでも買えるので、単に「地の利がよくて便利だ」ということだけでは、お客様は、その店で買い続けてはくれません。二度目、三度目になると、やはり、「安いかどうか」「商品がよいかどうか」「店員の応対がよいかどうか」ということが問われます。

どの会社であっても、こういうことはあります。そして、お客様は、たいていの場合、経営者や経営担当者の知らないところで苦情を言っていて、その会社を嫌《きら》い、取引をやめ、よその会社のものに乗り換えるのです。

したがって、クレームは大事にすべきです。「一つのクレームの背後には百や千もの声がある」と思わなければなりません。

宝の山であるクレームに耳を傾《かたむ》けよ

社長が会社のなかで〝ミニ教祖〟と化していると、その社長のもとに悪いことの情報を集めるのは、たいへん困難なことです。社長自身がそういう報告を聞きたくなければ、「悪いことの情報を上げろ」と言うことはありませんし、部下、従業員も、そういう情報を上げたくはないのです。

よいことの情報はいくらでも社長に報告できます。誰《だれ》でもそうです。「幾《いく》ら売れました」「評判がよいのです」「こんなほめ言葉を頂きました」「どこそこで、このように売れました」など、よいことはいくらでも報告します。しかし、「どこそこで、これくらいクレームがありました」「返品が出ました」「不評です」など、悪いことの情報は上げたくありません。

部下の身に立てば、そのとおりです。悪いことを報告して上の人に喜ばれるわけがないからです。出世をしたければ、失敗した話や都合《つごう》の悪い話、クレームなどは、できれば蓋《ふた》をして握《にぎ》り潰《つぶ》し、都合のよい話だけを上に通すようになります。役所であれ、民間企業《きぎょう》であれ、その傾向《けいこう》はあります。組織が大きくなればなるほど、その傾向は出てきて、そういう保身に成功した人のみが最後まで出世できるようなシステムになりやすいのです。

これを〝官僚病《かんりょうびょう》〟と言ってもよいでしょう。

「経営者にとって耳触《みみざわ》りのよいことばかりを言う人が上に上がってくる。経営者は、そういうイエスマンに取り囲まれて、だんだん裸《はだか》の王様になる」というのが普通《ふつう》の傾向です。

そこで、大企業においては、四年から六年ぐらいで社長が交代して新陳代謝《しんちんたいしゃ》をすることがあります。

また、その企業の不祥事《ふしょうじ》が新聞などで取り上げられ、叩《たた》かれるときには、トップが責任を取って辞《や》めることもあります。「トップが最終責任を取る」というかたちで、クレーム処理がうまくできなかったツケを払うようになっているのです。「トップが責任を取って辞める」ということになると、部下は全員シュンとなって引き締《し》まります。

そのように、悪いことや不祥事を隠蔽《いんぺい》し続けたことが明るみに出ると、最後はトップの責任になります。

「トップが社会的に糾弾《きゅうだん》されて辞めることになる」という恐怖《きょうふ》が、実は、新鮮《しんせん》な風や水を入れて組織の新陳代謝を行い、組織が腐敗《ふはい》しないようにするための〝装置〟になっているのです。

ただ、最終的にトップの責任問題にまで発展する前に、クレームをよく処理するように努力することが大事です。

その際、「クレームは宝の山なのだ」と思わなければいけません。クレームに対応し、「どうやってクレームを処理するか」ということを考えたならば、クレームは宝の山なのです。

なぜなら、それが、次の経営資源になり、顧客のニーズを掘《ほ》り起こすことになり、「どのようにして世の中に認めていただくか」という努力の方向になるからです。

したがって、耳に痛いこと、耳触りの悪いことを受け止める度量を磨《みが》かなくてはなりません。

これは、とてもとても難しいことですが、努力していれば、器《うつわ》が磨かれ、強くなってくることもあります。

クレーム処理は非常に大事な仕事であるということを知ってください。

クレームに耳を傾《かたむ》ける気持ちがトップにあれば、下の者も、そういう姿勢をだんだんに示すようになるのです。

「環境《かんきょう》への変化対応」こそ、未来を生き切るための力

「クレーム処理」と同時に、「環境《かんきょう》への変化対応」が非常に大事になります。

経営環境は変化していきます。

景気がよくなったり悪くなったりします。

政府によって新しい政策が実施《じっし》され、それまでうまくいっていたものが、うまくいかなくなることもあれば、自分のところではない他の業界の変動要因によって仕事に影響《えいきょう》が出ることもあります。

また、外国政府や海外の企業の変化による影響が国内に波及《はきゅう》してきて、自分の会社が次なる対応を迫《せま》られることもあります。

その意味では、「経営者は、独《ひと》り、自分の会社に籠《こ》もって、会社のなかの数字だけを追い求めていればよいものではない」ということを忘れてはなりません。

新聞やテレビのニュース、雑誌、新刊書籍《しょせき》などの新しい情報にも目を光らせて、常に、時代の変化、環境の変化を見ておく必要があります。

また、「過去において、他の会社が、いろいろな危機をどのように乗り越《こ》えてきたか」ということを、日ごろ勉強していることも大事です。そして、自社にとって危機的な状況《じょうきょう》が現れてきたときには、そうやって勉強したことを応用して、自分なりの対応策を立てていかなくてはなりません。

現在を知ると同時に、過去の歴史を知るべきです。いろいろな企業の努力の歴史を勉強して、「危機にどう対応するか」ということを常に考える余力、キャパシティー（能力）が必要になります。

新しい環境への変化対応こそ、トップにとって非常に大事なことであり、未来を生き切るための力なのです。

また、自分の会社の事業を未来事業として長続きさせていくためにも、常に、そういう鋭敏《えいびん》な感覚を研《と》ぎ澄《す》ませていかなくてはなりません。

これもまた経営者の仕事であることを、強く強く自覚していただきたいと思います。

5　責任の自覚と、トップが死んでもよい体制づくり

「トップ一人の責任である」という強い自覚を

これで最後になりますが、四番目に大事なことは、「『トップ一人の責任である』と自覚すると同時に、トップが死んでもよい体制づくりが大切である」ということです。

これについて説明しましょう。

会社というものは大勢の人間で成り立っており、それぞれの人が部分的な責任を負っています。それは間違《まちが》いありません。

しかしながら、会社が、有機体・一つの生き物として生き、活動し続けるかぎ

り、すなわち、統一的な意志を持つものとして働き続けるかぎり、やはり、その頭脳の部分の指令は、とても大事です。

この頭脳に当たるものが、経営者です。

したがって、最終的には、「頭は一つ」ということになります。頭がたくさんあって右往左往《うおうさおう》したり、「船頭多くして、船、山に登る」というようなことであったりしては、経営はできません。

それぞれの人に分担してやらせる仕事はあるにしても、「事業経営は、最終的にトップ一人の責任である」という強い強い自覚が必要です。

「トップ一人の責任である」という強い自覚があるからこそ、その責任感がトップとしての最終決断力になっていくわけです。それが、勇気となり、意志力となり、強さとなって働いてくるのです。

どんなことが起きても言い訳はきかない

人間というのは弱いものであり、責任回避《かいひ》をしたくなるものです。「誰《だれ》それの責任である」と、言い逃《のが》れをしたくなります。あるいは、「景気が悪い」「たまたまライバルが強すぎた」「時代が悪かった」など、うまくいかない理由をいくらでも説明したくなります。

不思議なことに、受験秀才《しゅうさい》として緻密《ちみつ》な勉強をしてきた人は、うまくいかないことや、できないことの言い訳を、実に見事に言います。「どうして、うまくいかないか」ということを、三つ四つと理由を挙げて、舌鋒鋭《ぜっぽうするど》く、また、論法鋭く、説明し尽《つ》くすのです。

しかし、「どうしたら、うまくいくか」「どうしたら、できるか」ということについては、彼らの多くは説明できません。

みなさんの会社の経営幹部にも、高学歴で頭のよい人はたくさんいるでしょう。その人たちの多くは、官僚《かんりょう》化していて、うまくいかないこと、できないことの理由を実に緻密に報告し、細部にわたって説明をすることもあるでしょう。

しかし、彼らの多くは、「どうすれば、できるのか」ということを、とことん考えて言うことはできないのです。これは、「人間としての弱さ」と言えば、そのとおりです。

しかし、経営トップは、いくらエクスキューズ（言い訳）しても、しかたがないのです。

例えば、「日本の首相が替《か》わったから会社が潰《つぶ》れた」と言っても、しかたがないわけです。どのような人が首相であっても、あなたは、会社が潰れないように経営をしていかなければなりません。

中国政府の方針が変わろうと、アメリカ合衆国大統領の方針が変わろうと、生き残っていく手段を考えなければいけません。

強大なライバルがいたとしても、「どうすれば生き延びることができるか」ということを考えなければいけません。

あなたの会社が一生懸命《いっしょうけんめい》に伸《の》ばした産業に、大手の会社が参入してくることさえあります。「予期せぬ成功」をしたところ、それが、「予期せぬ失敗」を招くこともあるわけです。

どんなことが起きるか分かりません。しかし、言い訳はきかないのです。トップは、あらゆる事態を考えなければいけません。また、考えていない事態が起きたとき、それに対処することも経営者の仕事です。

元寇《げんこう》、すなわち、鎌倉《かまくら》時代に蒙古《もうこ》の大軍が押《お》し寄せてきたとき、北条時宗《ほうじょうときむね》が独《ひと》り立って戦ったように、勇者としての決断が要《い》ります。それでこそ社長、それでこそ経営者なのです。

十分な情報はないかもしれませんし、経験もないかもしれません。それでも、「未知なる体験、新たな恐怖《きょうふ》と戦う」のがトップの仕事であり、それがロマンでもあれば醍醐《だいご》味《み》でもあるのです。

部下はトップの姿勢を感じ取る

トップは、常に、「最終的には自分一人の責任である」ということを自覚しておいてください。

それを口に出さなくとも、あなたの部下は、末端《まったん》の従業員に至るまで、その姿勢を感じ取るものです。

トップが「自分の責任だ」と考えているときには、部下もまた、「いや、そうではない。これは、部長である自分の責任である」「課長である自分の責任である」などと考えるようになります。

そして、課長が「これは自分の責任だ」と思っているところでは、課員も、「いや、そうではありません。担当者である私の責任です」と考えるようになるのです。

ところが、上が一生懸命に責任逃れをすると、下も、「右にならえ」で、みな責任逃れをするようになってくるわけです。

「会社の社長が一人で何もかもやる」ということは、実際上、無理です。社長だとて、オールマイティーではありません。苦手《にがて》なことは、たくさんあります。自分より専門知識を多く持った部下も当然いるでしょう。そういう人たちの意見も聞かなければなりません。

勉強し続けても分からないことも、たくさんあるでしょう。

それでも、「最終的には自分一人の責任だ」ということを強く自覚していただきたいのです。そして、決断することです。

その際、「決断についての結果責任は自分が取る。その決断の結果、批判を受けたり、あるいは従業員が路頭に迷ったりしても、その責任は自分が取る」ということを深く考えていてください。

「永続性」という視点を忘れてはいけない

「トップ一人の責任である」という考えは非常に大事なのですが、それは難しい問題も持っています。

トップ一人の責任ということで、トップにすべての情報や権限が集中しすぎると、今度は、トップに頼《たよ》りすぎる傾向《けいこう》が出てきます。すなわち、トップのカリスマ性、あるいはスーパーマン性に頼りすぎることになるのです。

世間《せけん》の会社には、一代にして大企業《だいきぎょう》を起こすカリスマ的な経営者もいますが、そういう会社の場合、二代目や三代目の代になると、往々《おうおう》にして、会社が続いていかないことがあります。

これは、「トップがカリスマでありすぎたために、あるいはスーパーマンでありすぎたために、二代目や三代目が、初代と同じようにはできない」ということなのです。

したがって、トップ一人の責任であることを自覚しつつも、「自分の会社は自分の手を離《はな》れて永続性を持たなければならない」という視点も忘れてはいけないのです。

トップは「自分の能力の限界」を見極《みきわ》めよ

会社では、多くの従業員が人生を賭《か》けて働いています。

みな人生を賭けたいのです。自分の人生を賭けてもよい会社であってほしいのです。その会社で何十年か働いて、結婚《けっこん》し、子育てもして、夢のある人生を送りたいのです。

そうであるからこそ、「トップ一人の責任である」と知りつつも、また同時に、「トップが死んでもよい体制づくりが大切である」ということも自覚しなければいけません。

これは矛盾《むじゅん》することです。つらいことです。

自分ができることを、人にやらせなければいけないこともあります。自分が脚光《きゃっこう》を浴びるべきときに、自分は脚光を浴びないようにする努力も必要です。自分の名誉《めいよ》や手柄《てがら》となるべきものを、部下の名誉や手柄としなければいけないことも、たくさんあります。

「トップ自《みずか》らが自分の能力の限界を見極《みきわ》める」ということは、トップにとって、とてもとてもつらいことです。しかし、「自分の能力には限界がある」ということもまた冷厳な事実です。

事業を永続させていくためには、自分の限界を冷静に客観的に見なければいけません。

能力的にも限界がありますし、体力的にも限界があります。

どのようなトップであろうと、人間である以上、体力の限界がないわけはありません。地球を股《また》にかけて飛び回れば、やはり疲《つか》れるでしょう。当然です。疲れたら判断力も鈍《にぶ》るでしょう。

また、暴飲暴食をして病気になることもあるでしょう。ガンや血管の病気など、何かの病気に罹《かか》ることもあるでしょう。

そのときに、どうするか。それを考えなければいけないのです。

人材を育て、経営担当チームをつくる

トップは、「トップ一人の責任である」と自覚すると同時に、「自分に万一のこ

とがあったときに、どうやって、この事業を成功裡《り》に継続《けいぞく》していくか」ということを考えなければなりません。

たとえ中小企業のトップであろうとも、自分で会社を起こした人は、従業員から見れば、カリスマ性のあるトップでしょう。そのカリスマ性によって企業が発展しているときに、トップがカリスマでなくても成功していける体制、そういうシステムをつくることが大事です。

縁起《えんぎ》でもないことでしょうが、「自分が死んでもよい体制」を、努力してつくらなければなりません。

具体的には、繰《く》り返し起きるような仕事に関して、できるだけ、まとめて権限を下に下《お》ろすことが大事です。

初めてのことではなく、ある程度かたちが決まっていて、何度も繰り返し起きてくることに関しては、下に下ろしていく、すなわち、「権限」や「責任」、「仕事の判断権」を下ろしていくのです。

そして、新規のことや重要なことについては、まずは自分もタッチするけれども、それも、だんだんに下に下ろしていって、部下、幹部を育てていかなくてはなりません。

また、「経営担当チーム」をつくっていくことも非常に大事です。「人材を育てることも、トップにとって重要な仕事なのだ」ということを知っておいてください。

トップが一人で何役もこなすことはできない

それから、「トップが一人で何役もこなすことはできない」ということも、どうか知っていただきたいと思います。

例えば、インスタントラーメンの製造会社の経営者が、麺《めん》やスープの味にこだわる研究者であって、「何とかしてヒット商品をつくりたい」と考え、そのつくり方を研究しているとします。

その研究が会社にとって最大の付加価値を生むのであれば、そこに重点を置かなくてはなりません。

しかし、そういう研究をしている人が、同時に、全国を営業して回ったり、テレビに登場して宣伝をしたり、書類業務を緻密にこなしたりすることは、普通《ふつう》はできないものです。そういうことも知らなければいけないのです。

トップのなかには、「テレビのコマーシャルに出て会社を宣伝する」「テレビや新聞、週刊誌など、マスコミの話題になる」という意味で、会社の顔になる人もいます。

そういう広報宣伝用のトップもいますが、その場合には、たいてい、経営の実務のほうは、ナンバーツー・補佐《ほさ》役がしっかりやっているはずです。そうでなければ、そういうことはできません。

自分自身がマネジメントの中心である場合には、自分が外に多く露出《ろしゅつ》することは無理なのです。

また、「技術やソフトのほうが中心である人が、それを精髄《せいずい》まで究《きわ》めると同時に、一般《いっぱん》的な会社のマネジメントに精通する」というのも、極めて難しいことです。

さらに、「研究開発をしている人が、営業能力があるからといって、営業マンとして全国の店に出て宣伝し続ける」というのも、なかなか大変なことです。

トップには、技術やソフトの開発者、マネジメントの責任者、営業・販売《はんばい》の責任者、会社の顔として会社を広報する人など、いろいろな面がありますが、これら全部ができることは、まずないのです。

「だいたい二つぐらいが限度だ」と思ってください。「二つ以上はできないものだ」と思い、自分ができないことについては、他の人にやらせるか、自粛《じしゅく》しなければいけません。

こういう限界を知っておいたほうがよいのです。まれに、自分で全部をやる人もいますが、どこかで燃え尽きてしまい、会社が崩壊《ほうかい》することがよくあります。

カリスマは素晴《すば》らしいものですが、カリスマであり続けるためには、カリスマが働き続けられなくても維持《いじ》できる組織をつくっていくことが大事です。それを知っておいていただきたいと思います。

本章では、一番目に、「夢の実現とお金の下支え」ということを述べました。

二番目に、「財務と人事とソフト」について述べました。

三番目に、「クレーム処理、環境《かんきょう》への変化対応」について述べました。

四番目に、「『トップ一人の責任である』と自覚すると同時に、トップが死んでもよい体制づくりが大切である」ということについて述べました。

いずれも、経営者にとっては大事な心掛《こころが》けだと言えるでしょう。

第4章　ポイント

- 経営者はロマンチストであれ。
自分なりの未来図を描《えが》き、夢を語るのだ。

- 夢をキャッシュのかたちで現実化する能力を持て。

- 経営者は会社の最終責任者だ。
財務と人事からは逃《のが》れられないと心得《こころえ》よ。

- 一つのクレームの背後には百や千もの声がある。
「クレームは宝の山なのだ」と思って耳を傾《かたむ》けよ。

● 常に時代の変化、環境《かんきょう》の変化を見つつ、「危機にどう対応するか」を考える余力を持つのだ。

● あらゆる事態に対処するのが経営者の仕事。言い訳はきかないのだと心得よ。

● 事業を永続させるには、トップは自分の限界を客観的に見なければならない。

● 「トップ一人の責任である」と自覚すると同時に、トップが死んでもよい体制づくりを目指せ。

あとがき

信者ゼロ、資本金ゼロから、一代で日本最大級の宗教団体と、そのコングロマリットを創《つく》り上げた著者の仕事を、「経営」と「人望力」に力点を置いて解説した本である。

幸福の科学が戦い続け、成長し続けている秘密は多々《たた》あるが、大手マスコミよりも強力な経営力を持っていることもその一つである。その経営力が一体どこから出ているかを語った書でもある。天上界からの惜しみない支援と、地上の人間側の最先端の創意工夫が、一つの奇跡《きせき》を生んだと言っても過言ではない。

本書を読んで、「黒字」も「発展」も、経営者の「徳」が姿を変えたものであることが理解されれば、「経営者としての悟り」を目指す方が増えていくことだろう。

二〇一七年　九月二十三日

幸福《こうふく》の科学《かがく》グループ創始者兼総裁《そうししゃけんそうさい》　大川隆法《おおかわりゅうほう》

説法日一覧

第1章　起業力開発法
二〇一三年二月十日説法
神奈川県・幸福の科学 横浜正心館にて

第2章　経営が黒字であることの小さな喜び
二〇一六年一月二十七日説法
東京都・幸福の科学総合本部にて

第3章　経営と人望力について
二〇一七年四月十三日説法
東京都・幸福の科学総合本部にて

第4章　経営者に贈る
二〇〇六年五月八日説法
幸福の科学 特別説法堂にて

『経営と人望力』大川隆法著作参考文献

『生命の法』（幸福の科学出版刊）
『実戦起業法』（同右）
『帝王学の築き方』（同右）
『経営の創造』（同右）
『社長学入門』（同右）
『経営とは、実に厳しいもの。』（同右）
『経営戦略の転換点』（同右）
『財務的思考とは何か』（同右）
『項羽と劉邦の霊言 項羽編――勇気とは何か』（同右）
『項羽と劉邦の霊言 劉邦編――天下統一の秘術』（同右）

『徳のリーダーシップとは何か　三国志の英雄・劉備玄徳は語る』（同右）
『「パンダ学」入門――私の生き方・考え方――』（大川紫央著　幸福の科学出版刊）

経営《けいえい》と人望力《じんぼうりょく》
――成功しつづける経営者の資質とは何か――

2017年11月2日　初版第1刷

著　者　大《おお》川《かわ》隆《りゅう》法《ほう》

発行所　幸福の科学出版株式会社
〒107-0052 東京都港区赤坂2丁目10番14号
TEL(03)5573-7700
http://www.irhpress.co.jp/

印刷・製本　株式会社サンニチ印刷

落丁・乱丁本はおとりかえいたします

ISBN978-4-86395-948-4 C0030
Photo：時事／アフロ

経営論シリーズ

経営戦略の転換点
危機を乗りこえる経営者の心得

豪華装丁
函入り

経営者は、何を「選び」、何を「捨て」、そして何を「見抜く」べきか。"超"乱気流時代を生き抜く経営マインドと戦略ビジョンを示した一冊。

10,000円

経営とは、実に厳しいもの。
逆境に打ち克つ経営法

豪華装丁
函入り

危機の時代を乗り越え、未来を勝ち取るための、次の一手を指南する。「人間力」を磨いて「組織力」を高める要諦が凝縮された、経営の必読書。

10,000円

社長学入門
常勝経営を目指して

豪華装丁
函入り

デフレ時代を乗り切り、組織を成長させ続けるための経営哲学、実践手法が網羅された書。

9,800円

※表示価格は本体価格（税別）です。

人望力を磨くヒント

帝王学の築き方
危機の時代を生きるリーダーの心がけ

追い風でも、逆風でも前に進むことがリーダーの条件である——。帝王学をマスターするための智慧が満載された、『現代の帝王学序説』の続編。

2,000円

現代の帝王学序説
人の上に立つ者はかくあるべし

組織における人間関係の心得、競争社会での「徳」の積み方、リーダーになるための条件など、学校では教わらない「人間学」の要諦が明かされる。

1,500円

徳のリーダーシップとは何か 三国志の英雄・劉備玄徳は語る

三国志で圧倒的な人気を誇る劉備玄徳が、ついに復活！ 希代の英雄が語る珠玉の「リーダー学」と「組織論」。その真実の素顔と人心掌握の極意とは？

2,000円

※表示価格は本体価格（税別）です。

時代を超えた不変の経営哲学

イノベーション経営の秘訣
ドラッカー経営学の急所

わずか二十数年で世界百カ国以上に信者を持つ宗教組織をつくり上げた著者が、20世紀の知的巨人・ドラッカーの「経営思想」の勘所を説き明かす。

1,500円

危機突破の社長学
一倉定の「厳しさの経営学」入門

経営の成功とは、鍛え抜かれた厳しさの中にある。生前、5000社を超える企業を立て直した、名経営コンサルタントの社長指南の真髄がここに。

1,500円

「経営成功学の原点」としての松下幸之助の発想

「商売」とは真剣勝負の連続である!「ダム経営」「事業部制」「無借金経営」等、経営の神様・松下幸之助の経営哲学の要諦を説き明かす。

1,500円

幸福の科学出版

経営者シリーズ

松下幸之助
「事業成功の秘訣」を語る

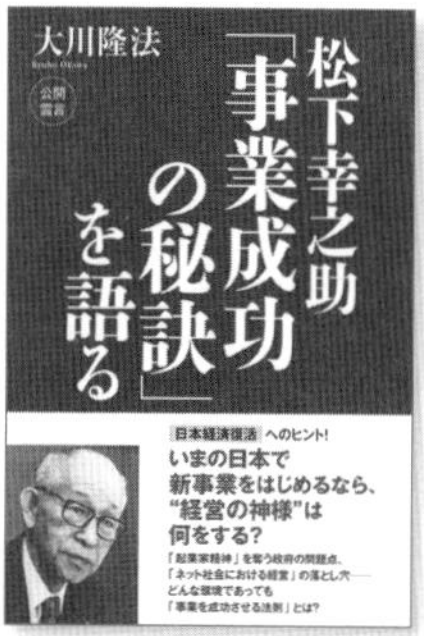

デフレ不況に打ち克つ組織、「ネット社会における経営」の落とし穴など、景気や環境に左右されない事業成功の法則を「経営の神様」が伝授!

1,400円

稲盛和夫守護霊が語る
仏法と経営の厳しさについて

心ある経営者たちへ贈る、経営フィロソフィ。仏教の視点から見た経営の真髄とは？経営の視点から見た日本の問題とは？稀代の経営者の守護霊が、日本経済に辛口アドバイス！

1,400円

渋谷をつくった男
堤清二、死後インタビュー

PARCO、無印良品、LOFT、リブロ、西武百貨店—セゾングループを築いた男が明かす、グループ隆盛の原動力、時代に乗り遅れないための秘訣とは。

1,400円

CD・DVD・研修のご案内

CD

『経営とは、実に厳しいもの。』
～逆境に打ち克つ経営法～

日々発見し、日々新価値を創造する、逆境に強い経営者となるには。

〈全国の精舎にて限定頒布〉

DVD・CD

『未来創造のマネジメント』

意思決定の方法、人材育成等、経営の要点が明かされると共に、「付加価値創造」の真髄が説かれた御法話。

〈全国の精舎にて限定頒布〉

御法話研修

「経営が黒字であることの小さな喜び」

大川隆法総裁の体験談が満載！
家計から事業経営、さらに国家経営まで、激動の時代に黒字化を実現する、事業成功の要点が学べます。

〈全国の精舎にて開催〉

※当研修は、予告なく変更になる場合がございます。ご了承ください。

その他、全国の支部・精舎にて、様々な研修・祈願を開催しております。
詳しくは、お近くの支部、または精舎へお問い合わせください。

幸福の科学グループのご案内

宗教、教育、政治、出版などの活動を通じて、地球的ユートピアの実現を目指しています。

幸福の科学

一九八六年に立宗。信仰の対象は、地球系霊団の最高大霊、主エル・カンターレ。世界百カ国以上の国々に信者を持ち、全人類救済という尊い使命のもと、信者は、「愛」と「悟り」と「ユートピア建設」の教えの実践、伝道に励んでいます。

（二〇一七年十月現在）

愛

幸福の科学の「愛」とは、与える愛です。これは、仏教の慈悲《じひ》や布施《ふせ》の精神と同じことです。信者は、仏法真理をお伝えすることを通して、多くの方に幸福な人生を送っていただくための活動に励んでいます。

悟り

「悟り」とは、自らが仏の子であることを知るということです。教学《きょうがく》や精神統一によって心を磨き、智慧《ちえ》を得て悩みを解決すると共に、天使・菩薩《ぼさつ》の境地を目指し、より多くの人を救える力を身につけていきます。

ユートピア建設

私たち人間は、地上に理想世界を建設するという尊い使命を持って生まれてきています。社会の悪を押しとどめ、善を推し進めるために、信者はさまざまな活動に積極的に参加しています。

海外支援・災害支援

国内外の世界で貧困や災害、心の病で苦しんでいる人々に対しては、現地メンバーや支援団体と連携して、物心両面にわたり、あらゆる手段で手を差し伸べています。

自殺を減らそうキャンペーン

年間約３万人の自殺者を減らすため、全国各地で街頭キャンペーンを展開しています。

公式サイト www.withyou-hs.net

ヘレンの会

ヘレン・ケラーを理想として活動する、ハンディキャップを持つ方とボランティアの会です。視聴覚障害者、肢体不自由な方々に仏法真理を学んでいただくための、さまざまなサポートをしています。 公式サイト www.helen-hs.net

入会のご案内

幸福の科学では、大川隆法総裁が説く仏法真理《ぶっぽうしんり》をもとに、「どうすれば幸福になれるのか、また、他の人を幸福にできるのか」を学び、実践しています。

入会

仏法真理を学んでみたい方へ

大川隆法総裁の教えを信じ、学ぼうとする方なら、どなたでも入会できます。入会された方には、『入会版「正心法語」』が授与されます。

三帰《さんき》誓願《せいがん》

信仰をさらに深めたい方へ

仏弟子としてさらに信仰を深めたい方は、仏《ぶっ》・法《ぽう》・僧《そう》の三宝《さんぼう》への帰依を誓う「三帰誓願式」を受けることができます。三帰誓願者には、『仏説・正心法《しょうしんほう》語《ご》』『祈願文《きがんもん》①』『祈願文②』『エル・カンターレへの祈り』が授与されます。

幸福の科学 サービスセンター
TEL 03-5793-1727 （受付時間／火～金：10～20時 土・日祝：10～18時）

幸福の科学 公式サイト
happy-science.jp

教育

ハッピー・サイエンス・ユニバーシティ
Happy Science University

ハッピー・サイエンス・ユニバーシティとは

ハッピー・サイエンス・ユニバーシティ（HSU）は、大川隆法総裁が設立された「現代の松下村塾」であり、「日本発の本格私学」です。建学の精神として「幸福の探究と新文明の創造」を掲げ、チャレンジ精神にあふれ、新時代を切り拓く人材の輩出を目指します。

学部のご案内

人間幸福学部

人間学を学び、新時代を切り拓くリーダーとなる

経営成功学部

企業や国家の繁栄を実現する、起業家精神あふれる人材となる

未来産業学部

新文明の源流を創造するチャレンジャーとなる

HSU長生キャンパス
〒299-4325
千葉県長生郡長生村一松丙 4427-1
TEL **0475-32-7770**

未来創造学部

時代を変え、未来を創る主役となる

政治家やジャーナリスト、ライター、俳優・タレントなどのスター、映画監督・脚本家などのクリエーター人材を育てます。4年制と短期特進課程があります。

・4年制
1年次は長生キャンパスで授業を行い、2年次以降は東京キャンパスで授業を行います。

・短期特進課程（2年制）
1年次・2年次ともに東京キャンパスで授業を行います。

HSU未来創造・東京キャンパス
〒136-0076
東京都江東区南砂2-6-5
TEL **03-3699-7707**

学校法人 幸福の科学学園

学校法人 幸福の科学学園は、幸福の科学の教育理念のもとにつくられた教育機関です。人間にとって最も大切な宗教教育の導入を通じて精神性を高めながら、ユートピア建設に貢献する人材輩出を目指しています。

幸福の科学学園
中学校・高等学校（那須本校）
2010年4月開校・栃木県那須郡（男女共学・全寮制）
TEL **0287-75-7777**
公式サイト **happy-science.ac.jp**

幸福の科学学園
関西中学校・高等学校（関西校）
2013年4月開校・滋賀県大津市（男女共学・寮及び通学）
TEL **077-573-7774**
公式サイト **kansai.happy-science.ac.jp**

仏法真理塾「サクセスNo.1」 TEL **03-5750-0747**（東京本校）
小・中・高校生が、信仰教育を基礎にしながら、「勉強も『心の修行』」と考えて学んでいます。

不登校児支援スクール「ネバー・マインド」 TEL **03-5750-1741**
心の面からのアプローチを重視して、不登校の子供たちを支援しています。
また、障害児支援の**「ユー・アー・エンゼル!」運動**も行っています。

エンゼルプランV TEL **03-5750-0757**
幼少時からの心の教育を大切にして、信仰をベースにした幼児教育を行っています。

シニア・プラン21 TEL **03-6384-0778**
希望に満ちた生涯現役人生のために、年齢を問わず、多くの方が学んでいます。

NPO 活動支援

いじめから子供を守ろうネットワーク

学校からのいじめ追放を目指し、さまざまな社会提言をしています。また、各地でのシンポジウムや学校への啓発ポスター掲示等に取り組む一般財団法人「いじめから子供を守ろうネットワーク」を支援しています。

ブログ **blog.mamoro.org**
公式サイト **mamoro.org**
相談窓口 **TEL.03-5719-2170**

政治

幸福実現党

内憂外患《ないゆうがいかん》の国難に立ち向かうべく、2009年5月に幸福実現党を立党しました。創立者である大川隆法党総裁の精神的指導のもと、宗教だけでは解決できない問題に取り組み、幸福を具体化するための力になっています。

幸福実現党 釈量子サイト
shaku-ryoko.net

Twitter
釈量子@shakuryoko
で検索

党の機関紙
「幸福実現NEWS」

幸福実現党　党員募集中

あなたも幸福を実現する政治に参画しませんか。

○ 幸福実現党の理念と綱領、政策に賛同する18歳以上の方なら、どなたでも参加いただけます。

○ 党費：正党員（年額5千円［学生 年額2千円］）、特別党員（年額10万円以上）、家族党員（年額2千円）

○ 党員資格は党費を入金された日から1年間です。

○ 正党員、特別党員の皆様には機関紙「幸福実現NEWS（党員版）」が送付されます。

＊申込書は、下記、幸福実現党公式サイトでダウンロードできます。
住所：〒107-0052　東京都港区赤坂2-10-8 6階 幸福実現党本部
TEL **03-6441-0754**　FAX **03-6441-0764**
公式サイト **hr-party.jp**　若者向け政治サイト **truthyouth.jp**

幸福の科学出版

出版メディア事業

大川隆法総裁の仏法真理の書を中心に、ビジネス、自己啓発、小説など、さまざまなジャンルの書籍・雑誌を出版しています。他にも、映画事業、文学・学術発展のための振興事業、テレビ・ラジオ番組の提供など、幸福の科学文化を広げる事業を行っています。

アー・ユー・ハッピー？
are-you-happy.com

ザ・リバティ
the-liberty.com

幸福の科学出版
TEL **03-5573-7700**
公式サイト **irhpress.co.jp**

THE FACT

ザ・ファクト
マスコミが報道しない「事実」を世界に伝えるネット・オピニオン番組

Youtubeにて随時好評配信中！

ザ・ファクト 検索

NEW STAR PRODUCTION

ニュースター・プロダクション

「新時代の"美しさ"」を創造する芸能プロダクションです。2016年3月に映画「天使に"アイム・ファイン"」を、2017年5月には映画「君のまなざし」を公開しています。

公式サイト **newstarpro.co.jp**

芸能文化事業

ARI Production

ARI《アリ》 Production《プロダクション》

タレント一人ひとりの個性や魅力を引き出し、「新時代を創造するエンターテインメント」をコンセプトに、世の中に精神的価値のある作品を提供していく芸能プロダクションです。

公式サイト **aripro.co.jp**

大川隆法　講演会のご案内

大川隆法総裁の講演会が全国各地で開催されています。
講演のなかでは、毎回、「世界教師」としての立場から、幸福な人生を生きるための心の教えをはじめ、世界各地で起きている宗教対立、紛争、国際政治や経済といった時事問題に対する指針など、日本と世界がさらなる繁栄の未来を実現するための道筋が示されています。

8月2日 東京ドーム「人類の選択」

5月14日 ロームシアター京都「永遠なるものを求めて」

4月23日 高知県立県民体育館「人生を深く生きる」

2月11日 大分別府ビーコンプラザ・コンベンションホール「信じる力」

1月9日 パシフィコ横浜「未来への扉」

講演会には、どなたでもご参加いただけます。
最新の講演会の開催情報はこちらへ。⟹

大川隆法総裁公式サイト
https://ryuho-okawa.org